I0457276

www.ingramcontent.com/pod-product-compliance
Lightning Source LLC
Chambersburg PA
CBHW041647120626
46551CB00017B/2339

* 9 7 8 1 9 9 0 7 6 0 8 5 3 *

فارسی برای همه

پایه اول / جلد دوم

FIRST GRADE FARSI

FOR EVERYONE

آموزشگاه زبان پارسی بسوی آینده

فارسی برای همه

پایه اول / جلد دوم

نویسندگان:

پریناز ژندی - ستاره ستایش

خانه انتشارات کیدزوکادو

Kidsocado Publishing House
Vancouver, Canada

Phone : +1 (833) 633 8654
WhatsApp: +1 (236) 333 7248
Email: info@kidsocado.com
https://kidsocadopublishinghouse.com
https://kidsocado.com

سریال کتاب: P2345170120

عنوان: فارسی برای همه - پایه اول/ جلد دوم

زیر نویس عنوان: Farsi for Everyone

مؤلفان: پریناز ژندی، ستاره ستایش

طراح گرافیک: محبوبه لعل پور

مدیر هنری: مونیکا اندرسون

صفحه آرا: نرگس تاج الدینی

ویراستاران: تیلا کیانی، نغمه کشاورز

شابک کانادا : ISBN: 978-1-990760-27-1

موضوع: آموزشی - مدرسه - ادبیات

متا دیتا: Education

مشخصات کتاب: جلد صحافی مقوایی، دو جلدی، سایز A4

تعداد صفحات: ۲۲۶

تاریخ نشر در کانادا: ژانویه ۲۰۲۴

ناشر: خانه انتشارات کیدزوکادو

ونکوور، کانادا

چاپ اول ۲۰۲۴

فهرست

مقدمه :

چون شکر، شیرین و چون گوهر، زبان پارسی است
فارسی، فرهنگ و آیین و نشان پارسی ست
آنچه از توفان و از باران نمی یابد گزند
کاخ فردوسی، خدای شاعران پارسی ست

زبان شیرین پارسی از دیر باز تاکنون راه خود را به خارج از سرزمین‌های فارسی زبان گشوده است و در دهه‌های اخیر به شکل اعجاب‌آوری در بیشتر نقاط جهان نفوذ کرده است. گویشوران این زبان در خارج از سرزمین مادری، نسل اندر نسل، مروج و حامی آن بوده‌اند و همین امر سبب شده است که نسلی نو درخارج از کشورهای فارسی زبان ظهور کند و عاشقانه در پی فراگیری فرهنگ، زبان و ادبیات فارسی باشد. عطش یادگیری نسل جدید پارسی‌آموز و تنوع کتب آموزشی که بی‌شک هر یک ویژگی‌های عالی و منحصربفردی داشته و دارد آموزگاری چون من را که عاشق زبان و ادبیات فارسی هستم بر آن داشت که نگاهی عمیق و همه‌جانبه به نیازهای زبان‌آموزانم داشته باشم و کتابی تهیه کنم که عواملی مانند: سن، محل تولّد، آشنایی قبلی با زبان فارسی، داشتن والدین فارسی زبان یا غیر فارسی زبان، در بهره‌برداری از آن نقشی نداشته و تا حد امکان نیازهای تمامی گروه‌های سنی در هر نقطه از جهان با هر پیشینه‌ای را بر آورده نماید. این کتاب نتیجه تحصیلات دانشگاهی من در رشته زبان و ادبیات فارسی همراه با دوازده سال تجربه‌ی آموزش مستمر با پارسی‌آموزان خارج از کشور است. خلق این اثر بدون کمک و همّت دانش‌آموز پر تلاشم ستاره‌ی عزیز ممکن نبود. با سپاس فراوان از نغمه کشاورز مدیر انتشارات کیدزوکادو که در این مسیر سبز همواره یار و حامی من بوده است.

پریناز ژندی
مدیر و مؤسس آموزشگاه زبان پارسی به سوی آینده

Towards Future Academy

آموزشگاه زبان پارسی "به سوی آینده"

تلفن: +1 (604) 916 4011
آدرس: 3344 Lonsdale Ave.
North Vancouver,
BC, V3N 3K2, Canada

مقدمه ناشر:

مدت‌هاست دغدغه‌ی ما ایرانیان خارج از کشور آن است که فرزندانمان برای فراگیری زبان غنی فارسی به یک کتاب جامع آموزشی، علمی که منطبق با شیوه‌های نوین و استاندارد زبان‌آموزی باشد دسترسی داشته باشند. کتابی که با علائق و فرهنگ ما هماهنگ باشد و سرشار از واژگان امروزی و قابل استفاده در میان ایرانیان مهاجر و غیر فارسی زبانان علاقمند در سراسر جهان باشد.

با وجود افزایش فارسی‌زبانان در تمامی نقاط دنیا و نیاز بسیاری از آنان و فراتر از آن، غیر فارسی‌زبانان نیز به یادگیری این زبان کارآمد که گویش‌وران زیادی دارد در دسترس نبودن یک کتاب جامع فارسی، ما را بر آن داشت که مجموعه‌ی کاملی به نام "فارسی برای همه" فراهم کنیم تا علاقمندان به فراگیری این زبان شیرین بتوانند براحتی با محتوای کتاب ارتباط برقرار کنند.

انسان معاصر با الگوهایی جدید و اصول انسانی و احترام به هر نژاد، دین و آیینی از کودکی آشنا شده است و این کتاب بر مبنای احترام و ارزش‌گذاری به تمامی اصول اخلاقی و انسانی نگاشته شده است.

"فارسی برای همه" بصورت یک مجموعه کامل بخوان، بنویس و یاد بگیر است که تماماً در یک کتاب طراحی و جمع آوری شده است. در این مجموعه همانطور که استانداردهای آموزشی مانند: ترتیب هوشمندانه حروف الفبا، و شیوه‌ی آموزش تصویری رعایت شده است جز معدود مجموعه‌هایی است که هیچ‌گونه تعصب و قضاوتی را در آموزش وارد نکرده است و مخاطب را در روند آموزش زبان فارسی با نخبگان و مشاهیر بزرگ و آثارشان آشنا می‌سازد. بزرگانی مانند: ابن سینا، سعدی، حافظ، پروین اعتصامی، فروغ فرخزاد و ... به انضمام رسوم فرهنگی و آیین ایرانیان باستان مانند عید نوروز، شب چلّه، شب یلدا و .....

اسامی که در بالای آن ستاره خورده است {مانند رومی* } در آخر کتاب به فارسی و انگلیسی توضیح داده شده است.

کتاب آموزشی "فارسی برای همه" بصورتی طراحی شده است که هم بصورت خودآموز می‌توان از آن استفاده کرد و هم برای آموزگاران فارسی و هم مؤسسه‌های آموزش فارسی
مناسب می‌باشد.

هدف این کتاب آموزش زبان فارسی به شیوه‌ی ساده و علمی است. طراحی حروف فارسی و ادغام آن با نگاره‌ها به گونه‌ای است که در حافظه‌ی فرد بجا می‌ماند. آموزش تصویری در حال حاضر بیشترین تأثیر را برای حک شدن در حافظه دارد. در این کتاب مجموعه‌ای از فعالیت‌های متنوع طراحی شده است که زمینه‌ساز آموزش فعال، توسعه، یادگیری و رشد خلاقیت نسل جدید پارسی‌آموز است. طراحی و تدوین این اثر زیر نظر متخصصین علم روانشناسی و زبان شناسی بوده است.

یکی از کاربردی‌ترین قسمت‌های این کتاب صفحات وبسایت متصل به هر درس است که در آن صفحه بازی‌ها، تمرین‌های بیشتر و جواب تمرین‌ها وجود دارد.
این بخش خودآموز را یاری می‌کندکه بتواند با بهره‌گیری از تمرین های کمک آموزشی موجود در وبسایت، مطالب را بهتر درک کند.
نکته دیگری که در این کتاب وجود دارد این است که این کتاب برای تمامی گروه‌های سنی قابل استفاده می‌باشد یعنی هر فردی ممکن است در هر سنی تصمیم به یادگیری زبان فارسی بگیرد و سعی شده است آموزش‌های این کتاب به گونه‌ای باشد که برای کودکان و بزرگسالان خسته کننده نباشد و از آنجا که توضیحات همه دو زبانه هستند نیازی نیست که فارسی آموز عزیز از فردی برای انجام تمرینات کمک بگیرد.
از فارسی‌آموزان ارجمند و آموزگاران گرامی زبان فارسی درخواست می‌شود در صورتی که پیشنهاد، نظر و نقدی سازنده دارند با ما از طریق ایمیل و یا واتس‌آپ در ارتباط باشند.
انتشارات کیدزوکادو مشتاقانه پذیرای نظرات سازنده شماست.

واتس آپ: +1 (236) 333 7248

ایمیل: info@kidsocado.com

این اثر را در سراسر دنیا می‌توان از وبسایت آمازون تهیه کنید.

بار کد تهیه کتاب:

تقدیر و تشکر

"فارسی برای همه" حاصل دانش و تجربه‌ی پری‌ناز ژندی، شاعر، نویسنده، آموزگار و بنیان‌گذار آموزشگاه زبان پارسی بسوی آینده در ونکوور کانادا است. این اثر با همراهی ستاره ستایش، پارسی آموزان سابق آموزشگاه بسوی آینده بوده و دانشجوی پر تلاش در رشته روانشناسی دانشگاه مگ گیل تألیف شده است. صفحه‌آرایی، ترتیب‌تمرین‌ها و انتخاب تصاویر با نظر نغمه کشاورز، مدیر انتشارات کیدزوکادو، صورت گرفته و ترجمه انگلیسی کتاب با کمک و حمایت همه جانبه‌ی کتایون رهنوردی و نیکتا کشاورز انجام شده است.

سپاس ویژه از پارسی آموزان آموزشگاه زبان پارسی بسوی آینده: ارشیا سروریان و رایان توسلی که در ارزیابی اولیه کتاب همراه و همگام ما بوده‌اند.

خانه انتشارات کیدزو کادو آماده سازی و انتشار این مجموعه ارزشمند را بر عهده دارد.

Publisher's Note:

“Farsi for Everyone" is a complete collection for Farsi literature education for Persians and non-Persians alike, who are interested in learning Persian language. Despite the increase of Iranians all over the world and their needs of learning the Farsi language, as well as the unavailability of a comprehensive Persian books internationally, we provide a collection of Persian books along with additional materials and resources to aid in the learning process.

This book is a complete collection of how-to: read, write and learn Farsi.

Our children outside of Iran have been introduced to new models with humanitarian principles such as respecting every race, religion and rituals. But since many Persian education books -such as the Iranian schools' textbook- either do not follow these principles, or worse, teaches against these principles creating confusion and prejudice in children. Many Persian students have come to despise the propaganda filled textbooks and are looking for something more up to date with today's society. Topics marked with an star (like Rumi*) are explained in Farsi and English at the end of the book in footnotes section.

In this collection, the educational standards such as the special arrangement of the letters in the alphabet, and the visual learning method all have been observed, making it one of the few only collections that has not introduced any prejudice and judgment whilst providing the learner with the most practical Farsi curriculum to date.

Kidsocado Publishing House is the owner and has the right to publish these works.

If any teacher's or educational providers use this book to teach Farsi, please feel free to contact us with any feedback, question, and or business inquiries.

This book is available worldwide from Amazon.
Scan the book's QR code:

برای آموزگاران و خودآموزان:

"فارسی برای همه" حاوی چهل درس در دوجلد (بیست درس در جلد اول، بیست درس در جلد دوم) است. هر درس با لوحه نویسی آغاز می‌شود و پس از آن بخشی بنام توضیحات آموزگار وجود دارد. این بخش با هدف استفاده‌ی آموزگاران و خودآموزان طراحی شده و در مورد ویژگی‌ها و قوانین استفاده از حروف الفباست، در حقیقت این بخش به مطالبی مانند آنکه هر نشانه الفبای فارسی دقیقاً چه صدایی دارد و قوانین اتصال آن به نشانه‌های دیگر و همچنین استثناها کدام است، به دو زبان فارسی و انگلیسی پرداخته است.

در پایان هر درس واژگان جدید ارائه شده در جدولی تحت عنوان کلمات جدید آمده است. این بخش مانند فرهنگ لغت عمل می‌کند، زیرا نه تنها معنی کلمات را به انگلیسی قید می‌کند، بلکه نزدیکترین تصویری که می‌تواند آن واژه را در ذهن مخاطب تعریف کند در کنار آن قرار داده است، علاوه بر آن شیوه تلفظ ساده‌ی این کلمات با استفاده از سیستم IPA (International Phonetic Alphabet)

به معنای الفبای آوا نگاری بین‌المللی در اختیار پارسی آموزان قرار داده شده است. برای آشنایی با جدول‌های آموزشی طراحی شده بر اساس علائم فونتیک و تلفظ صحیح حروف و کلمات به نمونه زیر توجه نمایید.

علامت	تلفظ	توضیحات	مثال
â	آ	این علامت هر جا که دیده شد صدای آ می‌دهد و دلیل آن برای تلفظ این است که صداهای آ و اَ با هم اشتباه نشود هر جا a بود صدای اَ و هر جا از این â علامت استفاده شد صدای آ می‌دهد.	Father
ch	چ	چ در زبان انگلیسی وجود دارد و در بیشتر مواقع بشکل حرف ch.	Cherry
sh	ش	ش در زبان انگلیسی وجود دارد و در بیشتر مواقع بشکل حرف sh.	Shoe
gh	ق	ق در زبان انگلیسی وجود ندارد برای همین تلفظ این کلمه کمی برای افرادی که زبان انگلیسی زبان اصلی آنهاست سخت است.	—
kh	خ	خ در زبان انگلیسی وجود ندارد اما در زبان فرانسه و آلمانی و وجود دارد در زبان آلمانی گاهی ch با صدای خ خوانده می‌شد.	Bach in Germany
ž	ژ	ژ در زبان انگلیسی وجود ندارد اما در زبان چینی وجود دارد و معمولاً با zh نوشته می‌شود.	"Jaune" in French.
ee	ای	ای در زبان انگلیسی بصورت i و گاهی اوقات ee وجود دارد. اما در این کتاب برای راحتی تمام فونتیک‌ها بصورت ee آمده است.	Bee
e	اِ ـِ ه ـه	اِ در زبان انگلیسی صدای e می‌دهد.	Best, Cafe
y	یـ - ی	ی در زبان انگلیسی صدای ye می‌دهد.	Yellow
	ع	"ع"در زبان انگلیسی وجود ندارد. بعضی مواقع تلفظ آن مانند اَ است مثل علی و بعضی مواقع باید آن را از ته گلو تلفظ کرد مانند شمع. بهترین روشی که بشود آن را تلفظ کرد در آوردن صدا از ته گلو است کتاب برای راحتی تمام فونتیک‌ها بصورت ~ آمده است.	~

در هر درس بعد از فرهنگ لغات که با عنوان کلمات جدید مشخص شده یک کیو آر کد (بارکد) در آخر هر درس گذاشته شده است که زبان آموزان با اسکن کردن آن کد می‌توانند وارد وبسایت مربوط به آن درس شوند و ازمطالب تکمیلی دیگر هم استفاده کنند.

For teachers and self-learners:

"Farsi for everyone" contains forty lessons in two volumes (twenty lessons in the first volume, and twenty lessons in the second volume). Each lesson starts tracing and writing practice, and after that there is a section called “teacher’s note”. This section is designed for teachers and self-learners and is about the features and rules of using alphabets. In fact, this section includes information such as the exact sound of each sign of the alphabet, and the rules for connecting it to other letters. It is in Persian and English language.

At the end of each lesson, most new words are presented in a table under the title of new words. This section works like a dictionary because it not only records the meaning of the words in English, but the closest image that can define that word in the audience's mind is placed next to it, in addition to the simple way of pronouncing these words using the system

IPA (International Phonetic Alphabet)

In the sense of the international phonetic alphabet, it has been provided to Persian students. To familiarize yourself with the educational tables designed based on phonetic signs and the correct pronunciation of letters and words, pay attention to the example below.

Sign	Explanation	Farsi Letter	Example
â	This letter has the same sound as the "a" in "father" or "palm" of (a) like father or palm. This type of sound is indicated with an “â”, not to be confused with the “a” sound as in cat.	آ	father
ch	"چ" is present in the English language and is often written as, it is in the form of the letter "ch".	چ	cherry
sh	"ش" is present in the English language and in most cases, it is in the form of the letter "sh".	ش	shoe
gh	"ق" doesn’t exist in English, so it's a bit difficult to pronounce for people whose first language is English. To produce the sound, make a “guh” sound in the back of the throat.	ق	gh
kh	"خ" does not exist in English, but it exists in French and German. in German language, “ch” was sometimes shown with the sound of kh. This sound also comes from the back of the throat; like when you cough to spit.	خ	Bach in German
Ž	"ژ" does not exist in English. We have ژ in Chinese language and in English it writes with zh.	ژ	"jaune" in French.
ee	"ای" in English, sometimes is i and sometimes ee. In this book, all phonetics that has sound ای all are shown as ee.	ای	bee
e	"اِ ـِ ه ـه" in English sounds like e.	اِ ـِ ه ـه	Best, Cafe
y	"یـ ی" in English sounds like y.	یـ ی	Yellow
~	"ع"does not exist in English. The simplest way to learn the pronunciation of ع correctly might be to try to pronounce an a as far back in the throat as possible, until it stops being a vowel an turns into a sort of cooing grunting.	ع	

At the end of each lesson, after the New Words table, there is a section called “QR code” (barcode). By scanning that code, the self-learner teacher can enter the website related to that lesson and read the contents. Use another supplement.

ف مثل فيل

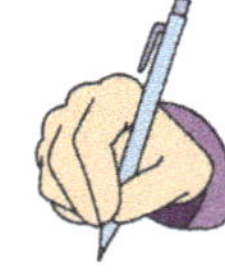

فـ فـ

ف ف

فارسی فارسی

بَرف بَرف

سُرفه سُرفه

فانوس فانوس

توضیحات آموزگار:

Teacher Notes:

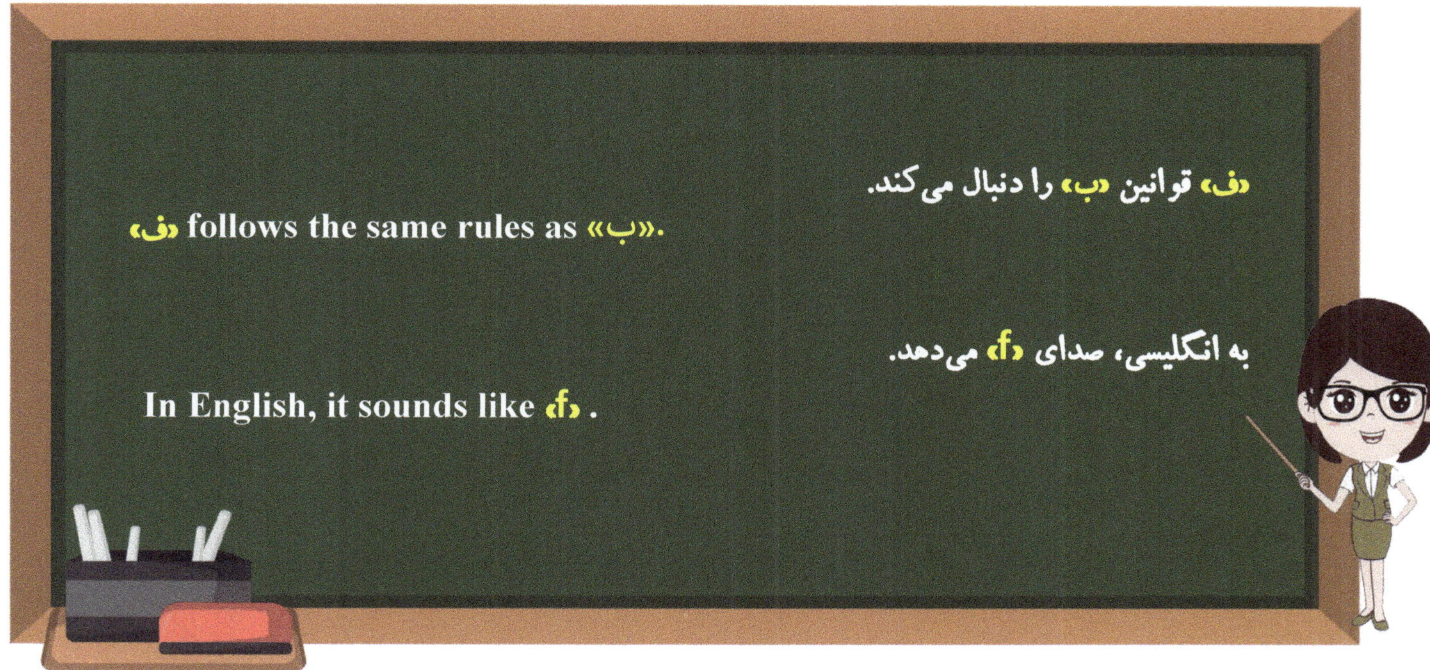
«ف» قوانین «ب» را دنبال می‌کند.
«ف» follows the same rules as «ب».
به انگلیسی، صدای «f» می‌دهد.
In English, it sounds like «f» .

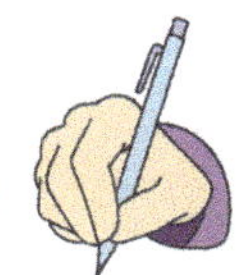

به شماره ها توجه کن و نام هر تصویر را در جای مناسب بنویس.

Look at the numbers and write the names of the pictures in the correct spot.

		This color			
۲	۴	۱	۵	۳	۶

۱- ....

۲- ....

۳- ....

۴- ....

۵- ....

۶- ....

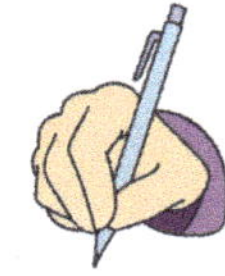

هر کلمه را به کلمه‌ی مخالف خود وصل کن.

Connect each word to its antonym, or opposite.

آفتاب	آمَدَن
فَردا	فَراوان
کَم	مِشکی
سِفید	سایه
رَفتن	دیروز

کلماتی را که حرف « فـ »غیر آخر دارند با مداد قرمز مشخص کن. کلماتی را که حرف «ف» آخر دارند با مداد آبی مشخص کن.

Using a red pencil, circle the words that start with "فـ". Using a blue pencil, circle the words that contain "ف", but not as the first letter.

توت فَرَنگی   فانوس   دَفتَر   گوسفَند   کیف   بَرف

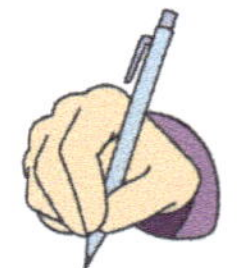

هر دو قسمت مربوط به هم را وصل کن.

Connect each half of the sentence to its corresponding half.

فَرنوش	**بسیار دوست دارَم.**
فَرزاد دَر زِمستان	**فیروزه‌ای می‌پوشَد.**
فَریبا کَفش‌های	**با فَرشید و فِرشته به پارک می‌رَوَد.**
مَن توت فَرَنگی تازه را	**بَرف بازی می‌کُند.**

در تصویر دور کلماتی که حرف " فـ " دارند خط بکشید.

Look at the picture and circle anything that has the letter " فـ".

مانند: فَرش، فروشَندەی فَرش، کَفش، هِفدَه، سفید، فیروزه‌ای،....

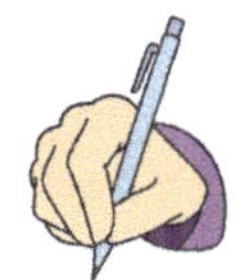

تمرین بخش کِشی:

Syllables Practice:

جدول‌ها را کامل کن.

Complete the tables.

فَروَردین								

اسفَند					

تمرین روخوانی:

Reading Practice:

اَفسانه دیکته نِوِشت وَ آموزگار به او آفَرین گُفت.

مَن دَر تَبریز فَرزَندِ فُروزان را دیدَم و نامَش را فَراموش کَرده بودَم.

دَر فَرش‌بافی اَز رَنگ سِفید، زَرد، آبی و سَبز اِستِفاده می‌شَوَد.

فَردا بَرفِ فَراوانی دَر فیروزکوه می‌بارَد.

فَرانَک اَنار را اَز دَستِ فَرناز گِرفت.

بَرف رویِ نَرده آب شُده بود و آفتاب می‌تابید.

فَریبا کَفشَش را پوشید و به فِکرِ مُسافرت اُفتاد.

یِک دارکوب رویِ زَمینِ بَرفی نِشَست.

آموزش اعداد:

51	۵۱	panjaho-yek
52	۵۲	panjaho-do
53	۵۳	panjaho-se
54	۵۴	panjaho-châhâr
55	۵۵	panjaho-panj
56	۵۶	panjaho-shesh
57	۵۷	panjaho-haft
58	۵۸	panjaho-hasht
59	۵۹	panjaho-noh
60	۶۰	shast

۵۱ - ۵۱ - ....

۵۲ - ۵۲ - ....

۵۳ - ۵۳ - ....

۵۴ - ۵۴ - ....

۵۵ - ۵۵ - ....

۵۶ - ۵۶ - ....

۵۷ - ۵۷ - ....

۵۸ - ۵۸ - ....

۵۹ - ۵۹ - ....

۶۰ - ۶۰ - ....

برای دسترسی به مطالب بیشتر و روخوانی کلمات به این صفحه مراجعه کنید. (QR کد را اسکن کنید)

To access more content and pronunciation, refer to this page. (Scan the QR code)

New Words: کلمات جدید:

Thought	*fekr*	فِکر	
Cough	*sorfe*	سُرفه	
Angel	*fereshte*	فِرِشته	
Spinning top, Whirligig	*ferfere*	فِرفِره	
Strawberry	*toot farangee*	توت فَرنگی	
Notebook	*daftar*	دَفتَر	
Sheep	*goosfand*	گوسفَند	
Sunshine	*âftâb*	آفتاب	
Lantern	*fânoos*	فانوس	
Turquoise blue	*feeroozehei*	فیروزه‌ای	
Farsi/Persian	*fârsee*	فارسی	

Friend of the Alphabet

یار اَلفبا

بخوان، بنویس و به انگلیسی ترجمه کن.

Read, write, and translate the following words into English.

کَف - فِکر - فَرار - فَنَر - سُرفه - اَفراد - فاسِد - رَفتار - اِسفَند - بافتَنی - آفتابی - تَفاوُت - فَراوان - اِستِفاده
وَفاداری- سَفَر – فَراموش – مُسافر - فَرمان

چهار کلمه از کلمات بالا را انتخاب کن و برایش جمله بساز.

Choose four words from the ones above and make a sentence for it.

تاریخ: __ /__ /____

گزارش آموزگار:

نظرخانواده:

خ مثل خورشید

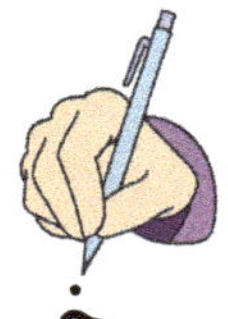

خـ خـ

خ خ

خانُم خانُم

اَخبار اَخبار

تاریخ تاریخ

خُرداد خُرداد

توضیحات آموزگار:

Teacher Notes:

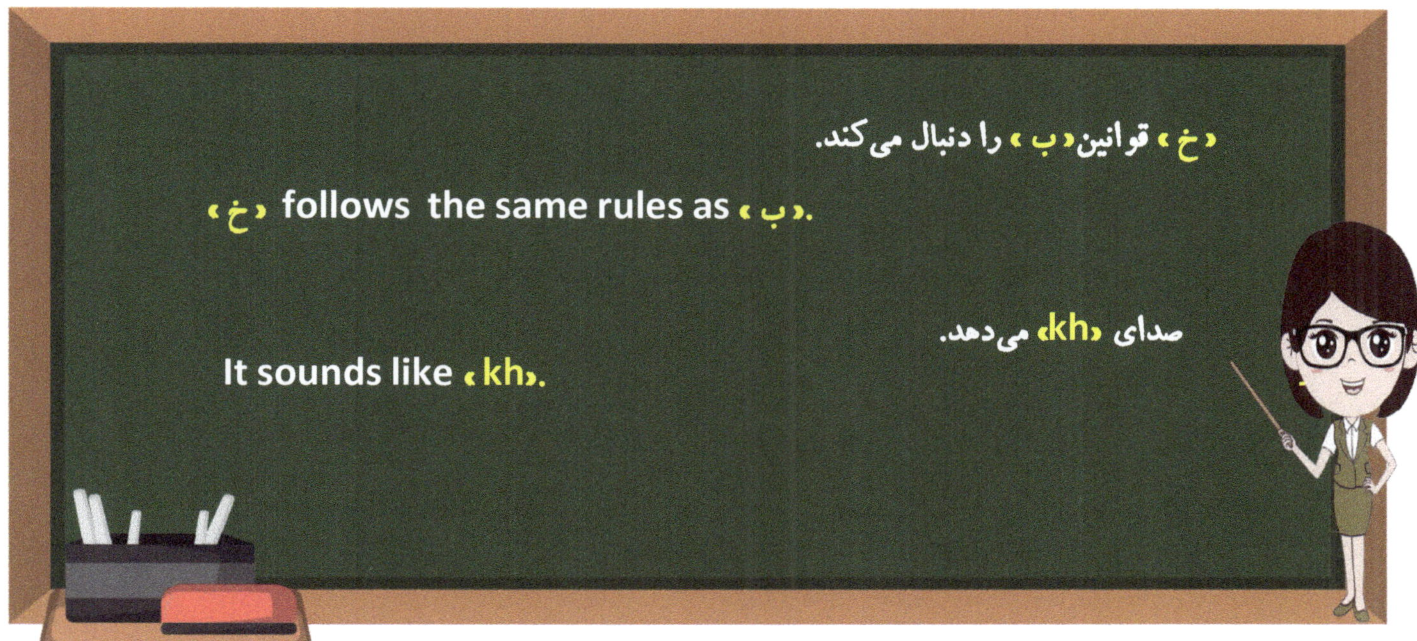
«خ» قوانین«ب» را دنبال می‌کند.
«خ» follows the same rules as «ب».
صدای «kh» می‌دهد.
It sounds like «kh».

نام هر تصویر را کامل کن و کلمه‌ی کامل را به تصویر مناسب وصل کن.

Complete each of the words and connect the pictures to their respective names

ـَرگوش	سیـ	میـ	ـَمیر

نَـ	درَ ـت	ـُروس	یَـ

تمرین روخوانی: Reading Practice:

در اُستان خوزستان کِشاوَرزان دِرَخت نَخل می‌کارَند و خُرمای شیرین بدست می‌آورند.

مادَرم از اُستان خُراسان زِرِشک آورد.

دَر تابِستان مَن خَربُزه‌ی خُنَک و شیرین دوست دارم.

خِرسِ سِفیدی اَز دور می‌آمَد و ما تَرسیدیم.

مار اَز سوراخِ دیوار دَرآمَد و روی زَمین خَزید.

خانمِ مُختاری دَر کِتابخانه‌ی خُرم‌آباد کِتابدار اَست.

دَر تابِستان شاخه‌ی دِرَختان میوه سَنگین و پُر بار می‌شَود.

مادَر کِنار بُخاری ایستاد تا گَرم شَود.

خانه‌ی خَرگوش دَر کِنار رودخانه‌ای پُر آب بود.

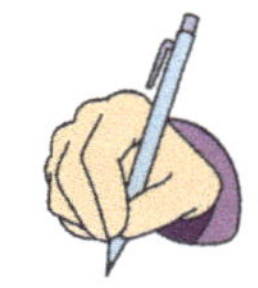

با حروف به هم ریخته یک کلمه بساز.

Make a word with the scrambled letters.

ـَ	د	خ	ن	ه

- - - - - - - - - - - - -

و	ا	ا	ه	ـِ	ن	د	خ

- - - - - - - - - - - - -

و	ش	خ	ـَ	ر	گ

- - - - - - - - - - - - -

س	و	ـُ	ر	خ

- - - - - - - - - - - - -

برای هر ترکیب کلمه ای بنویس که دو بخش داشته باشد.

For each pair of letters, write a word that has two syllables.

خیـ ________

خَـ ________

خا ________

خِـ ________

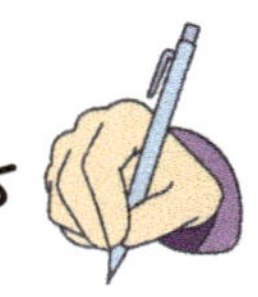

کلمه‌ی مناسب را از داخل کمانک انتخاب کن و جمله‌ها را کامل کن

Choose the correct word.

مَریَم میرزا خانی* (دانِشمَند/ دانِشمَندی) نامدارِ ایرانی بود.

یِک سِتاره‌ی (دِرَخشان/ دِرَخشانی) دَر آسمان پِیدا اَست.

خُسرو دوستِ (خوب/ خوبی) اَست.

اُمیدوارم که شُما را فَردا (خَندان/ خَندانی) بِبینم.

سرگرمی:

ترکیب کنید و یک حیوان جدید بسازید:

Combine two words and creating a new animal

Syllables Practice:

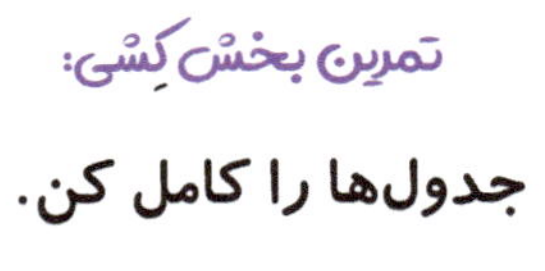

جدول‌ها را کامل کن.

Complete the tables.

رودخانه						

خُروس				

خَرگوش					

جمله‌ها را با یکی از کلمه‌های زیر کامل کن.

Complete the sentences with one of the words below:

خُروسی – خاموش – رودخانه‌ی – خاک

آتَش‌نِشان آتَش را _ _ _ _ _ _ _ _ کَرد.

_ _ _ _ _ _ _ دَر یِک روستای سَر سَبز زِندِگی می‌کَرد.

_ _ _ _ _ _ _ باریکی دَر دِه رَوان بود.

دُختری دَر _ _ _ _ _ _ _، یِک دِرَخت زیبا کاشته بود.

Friend of the Alphabet

یار اَلفبا

بخوان، بنویس و به انگلیسی ترجمه کن.

Read, write, and translate the following words into English.

خیس - خُشک - میخ - شاخ - خوک - خیار - خاموش - خَرید - تاریخ - خَراش - ناخُن - آخَر - رودخانه - ساختِمان - فُروختَن - اَنداختَن - خاکِستَری

چهار کلمه از کلمات بالا را انتخاب کن و برایش جمله بساز.

Choose four words from the ones above and make a sentence for it.

New Words: کلمات جدید:

Rooster	*khoroos*	خُروس	
Rabbit	*khargoosh*	خَرگوش	
Bear	*khers*	خِرس	
Dough	*khameer*	خَمیر	
Thorn	*khâr*	خار	
Bright, Shining	*derakhshân*	دِرَخشان	
Smiling	*khandân*	خَندان	
Date, History	*târeekh*	تاریخ	

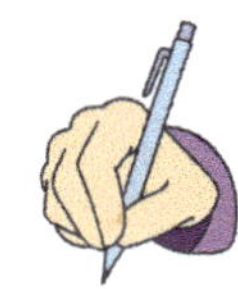

در تصویر دور کلماتی که حرف "خ " دارند دایره بکشید.

Look at the picture and circle anything that has the letter "خ".

مانند: خَرگوش، خورشیدِ دِرَخشان، خیابان، دَرَخت، نَخل،

دو جمله برای تصویر بالا بنویس.

Write two sentences for the picture:

برای دسترسی به مطالب بیشتر و روخوانی کلمات به این صفحه مراجعه کنید. (QR کد را اسکن کنید)

To access more content and pronunciation, refer to this page. (Scan the QR code)

Spelling Test:

دیکته:

تاریخ: __ /__ /____

گزارش آموزگار:

نظر خانواده:

ق مِثلِ قورباغه

قـ قـ

ق ق

قانون قانون

قوری قوری

قَدَم قَدَم

بُشقاب بُشقاب

اُتاق اُتاق

Teacher Notes:

توضیحات آموزگار:

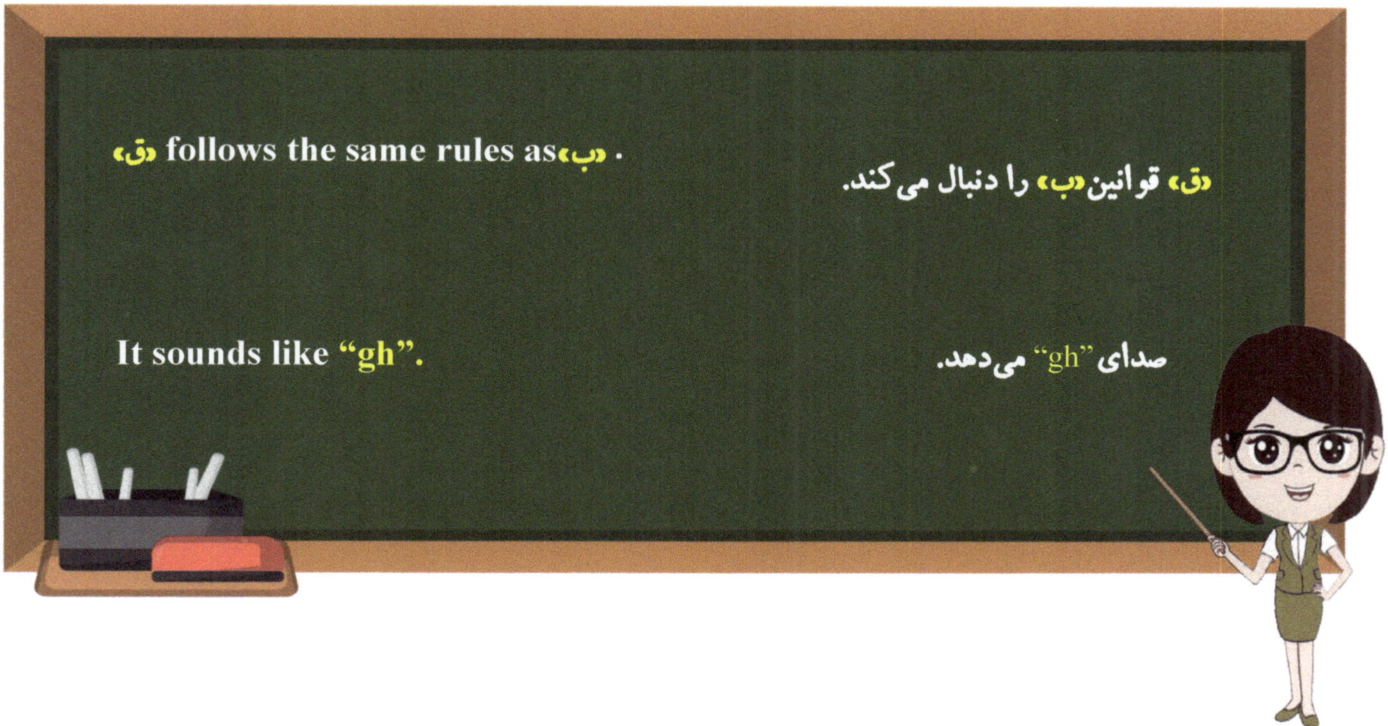

نام هر تصویر را بنویس.

Write the names of each of the pictures.

چهار کلمه بنویس که حرف «ق» و یا «قـ» داشته باشد و با آن جمله بساز

Write four words that contain both "ق" OR "قـ" and make sentences with them.

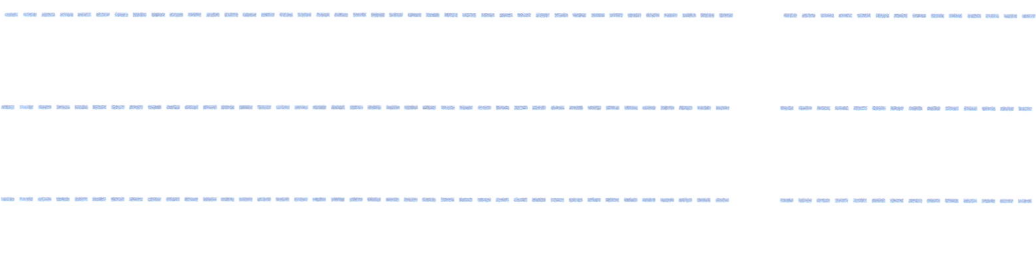

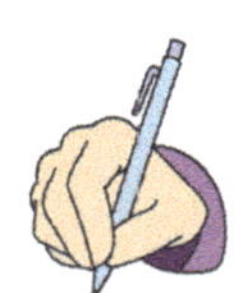

به کُمَک کَلمات زیر جُمله‌ها را کامل کن.

With the help of the pictures below, complete the sentences.

شَقایِق	موسیقی	بَرق	مَشقِ

-------- ساختِمان خَراب اَست.

مَن رنگ سرخِ -------- را دوست دارَم.

قاسِم با دِقت -------- فارسی را تَمام کرد.

آقای قَدیری به -------- ایرانی گوش می‌داد.

تمرینِ بخش‌کِشی:

Syllables Practice:

جدول‌ها را کامل کن.

Complete the tables.

مُراقِب						

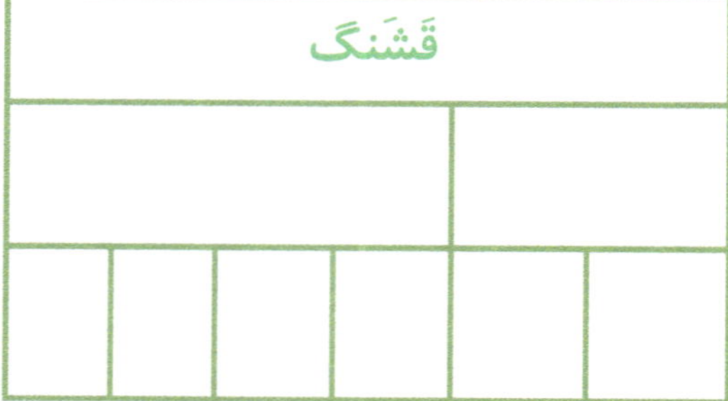

قَشَنگ					

بلند بخوان و بنویس.

Read the sentences below and copy each one out on the line next to it

قَناریِ زیبا روی شاخه‌ی دِرَخت قَدری ماند و سِپَس پَرواز کَرد.

ساق پایِ آن وَرزِشکار قَوی اَست.

قُوری قِرمِز و قَندان فیروزه‌ای دَر سینی نُقره‌ای اَست.

آرَش دَر مُسابقه‌ی شِنا شِرکَت کرد.

مادَربُزُرگ با نَخِ قِرقِره و سوزَن دامَن قِرمِزِ مَن را دوخت.

با هر کلمه یک جمله بساز.

Write sentences with each of the words.

قَدَم

وَقتی

دَقیقه

رَفیق

قَفَس

تمرین روخوانی: Reading Practice:

پَرویز اَز قَزوین یِک بَسته شیرینی آوَرده بُود که با ما قِسمَت کَرد.

وَقتی آقای یِکتا قایِق‌سواری می‌کَرد باران شَدیدی گِرفت.

یِک روز مادَر تَقویم را دید وَ با شادی گُفت: فَردا اُمید اَز سَفَر می‌آید.

قاسِم به اُتاق نَیامد و گُفت: کَفش او پُر اَز بِرف شده اَست.

پِدَر قَرار بود بَرای شام نان، کَباب و سُماق بیاوَرَد.

مَن برای قَناری دَر کاسه‌ای آب ریختَم.

آموزگارم با مِداد قِرمِز و سَبز یک قُمری زیبا کِشید.

در شَب یَلدا مادَر بُزُرگ به ما فَندُق، پِسته و تُخمه داد.

ما آن‌شَب موسیقی ایرانی را گوش دادیم و کِیف کَردیم.

مَن دیشب مَشق می‌نوشتَم و بَرادرم مَرا تَشویق می‌کَرد.

سرگرمی زبان پیچان (Thong Twister):

آیا می‌توانید این جُمله را ۵ بار سریع پشت سر هم بگویید؟

Can you say this sentence 5 times in quickly?

Friend of the Alphabet

یار آلفبا

بخوان، بنویس و به انگلیسی ترجمه کن.

Read, write, and translate the following words into English.

قیر – قیف – ساق – بوق – قَدیم – مِنقار – قانون – فَقیر – رِقابَت – مُقاوِمَت – مُسابِقه – قُدرت – قَناری

چهار کلمه از کلمات بالا را انتخاب کن و برایش جمله بساز.

Choose four words from the ones above and make a sentence for it.

آموزش اعداد:

61	۶۱	shasto-yek
62	۶۲	shasto-do
63	۶۳	shasto-se
64	۶۴	shasto-châhâr
65	۶۵	shasto-panj
66	۶۶	shasto-shesh
67	۶۷	shasto-haft
68	۶۸	shasto-hasht
69	۶۹	shasto-noh
70	۷۰	haftâd

۶۱ - ۶۱ -

۶۲ - ۶۲ -

۶۳ - ۶۳ -

۶۴ - ۶۴ -

۶۵ - ۶۵ -

۶۶ - ۶۶ -

۶۷ - ۶۷ -

۶۸ - ۶۸ -

۶۹ - ۶۹ -

۷۰ - ۷۰ -

New Words: کلمات جدید:

Competition	*mosâbeghe*	مسابقه	
Horn	*boogh*	بوق	
Silver/ Silver Color	*noghre/ noghrei*	نُقره نقره‌ای	
Ruby	*yâghoot*	یاقوت	
Somac	*somâgh*	سُماق	
Africa	*âfreeghâ*	آفریقا	
Funnel	*gheef*	قیف	
Frame	*ghâb*	قاب	
Sugar Cube	*ghand*	قَند	

Music	*mooseeghee*	موسیقی	
Electricity	*bargh*	بَرق	
Homework	*mashgh*	مَشق	
Poppy flower	*shaghâyegh*	شَقایِق	
Canary	*ghanâree*	قَناری	
Tea pot	*ghooree*	قوری	
Step	*ghadam*	قَدَم	
Minute	*dagheeghe*	دَقیقه	
Friend, body	*rafeegh*	رَفیق	

Spelling Test:

دیکته:

تاریخ: __ /__ /____

گزارش آموزگار:

نظر خانواده:

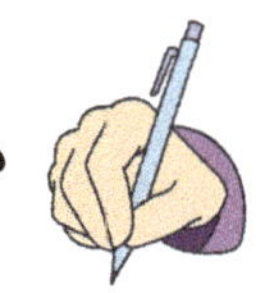

در تصویر دور کلماتی که حرف " ق " دارند خط بکشید.

Look at the picture and circle anything that has the letter "ق".

مانند: اُجاق گاز، قَلب، قیف، قابلِمه، چاقو، قُفل، قوری، .....

دو جمله برای تصویر بالا بنویس.

Write two sentences for the picture:

برای دسترسی به مطالب بیشتر و روخوانی کلمات به این صفحه مراجعه کنید. (QR کد را اسکن کنید)

To access more content and pronunciation, refer to this page. (Scan the QR code)

درس ۲۴
ل ـل
ل مثل لاک‌پُشت
ل ـل

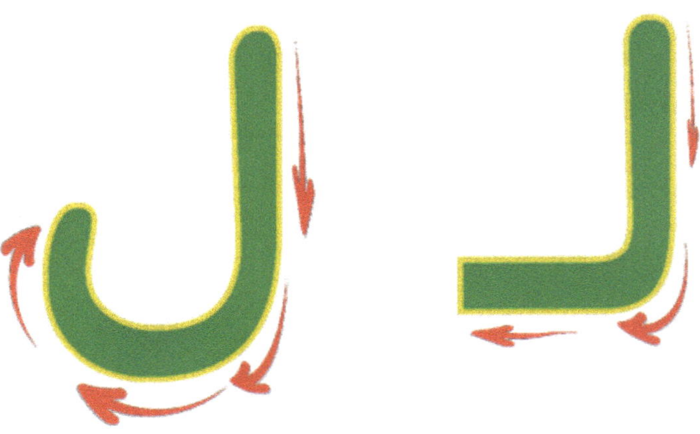

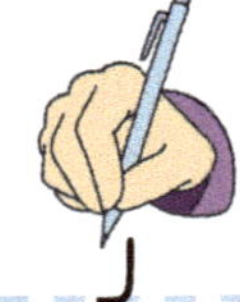

لـ لـ

ل ل

لَبخَند لَبخَند

لالایی لالایی

کِلاس کِلاس

بُلبُل بُلبُل

پَلَنگ پَلَنگ

اِمسال اِمسال

Teacher Notes:

توضیحات آموزگار:

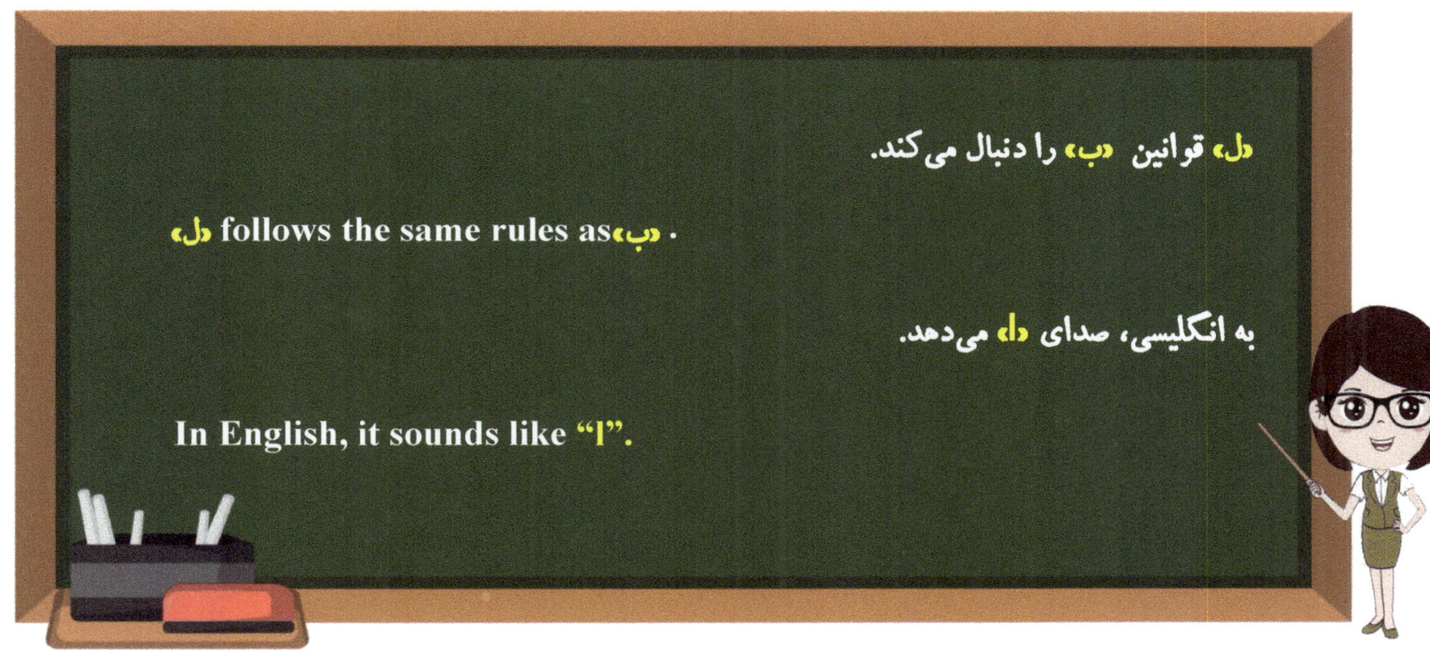
«ل» قوانین «ب» را دنبال می‌کند.
«ل» follows the same rules as «ب».
به انگلیسی، صدای «l» می‌دهد.
In English, it sounds like "l".

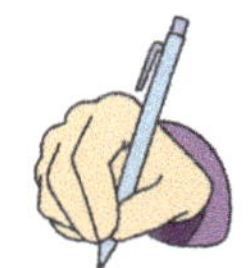

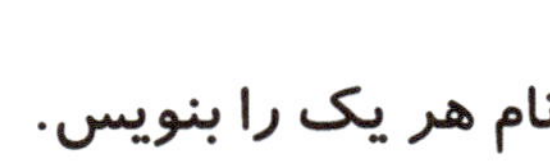
نام هر یک را بنویس.

Write the name of each of the indicated objects.

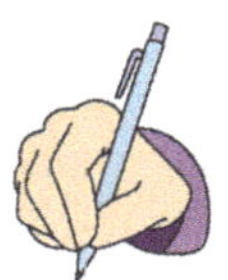

کلمه‌های مربوط به هم را وصل کن و جمله بساز.

Draw a line to connect the related words and write a sentence that uses both.

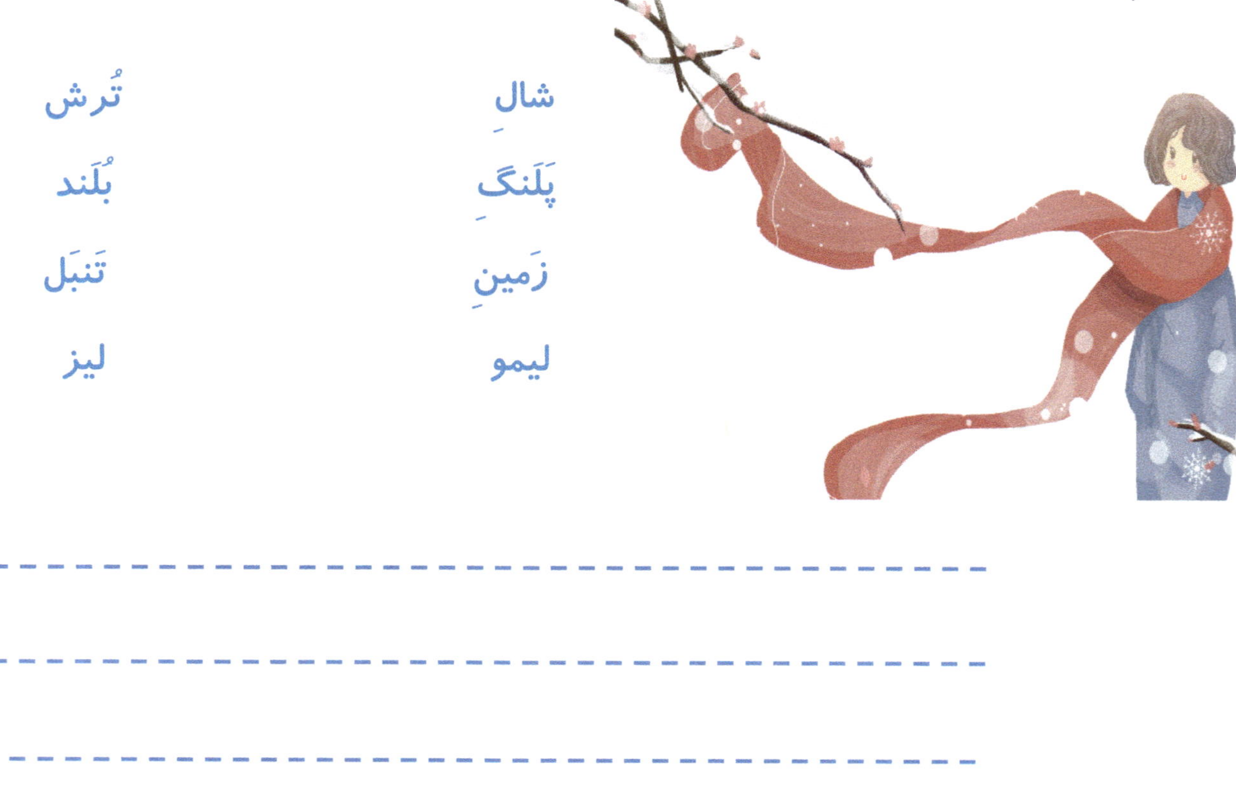

شالِ
تُرش
پَلَنگِ
بُلَند
زَمینِ
تَنبَل
لیمو
لیز

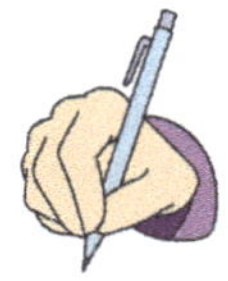

کلمه‌ی مناسب را در جای خالی بنویس و جمله‌ها را کامل کن.

Write the correct word in the blank space and complete the sentences.

لَبخَند – لِباسِ – خرید – دُنبال – آلوده

۱. گُلناز ______ مارمولَک می‌دَوید.

۲. لادَن به او ______ زیبایی زد.

۳. زمانِ خاک‌بازی دَر پارک، ______ کودَکم ______ می‌شَوَد.

۴. لِیلا یِک کیلو گیلاس ______ .

با توجه به نمونه، جدول را با بخش‌ها و صداها کامل کن.

Concerning the example, complete the table by writing the syllables and letters or symbols in the correct rows.

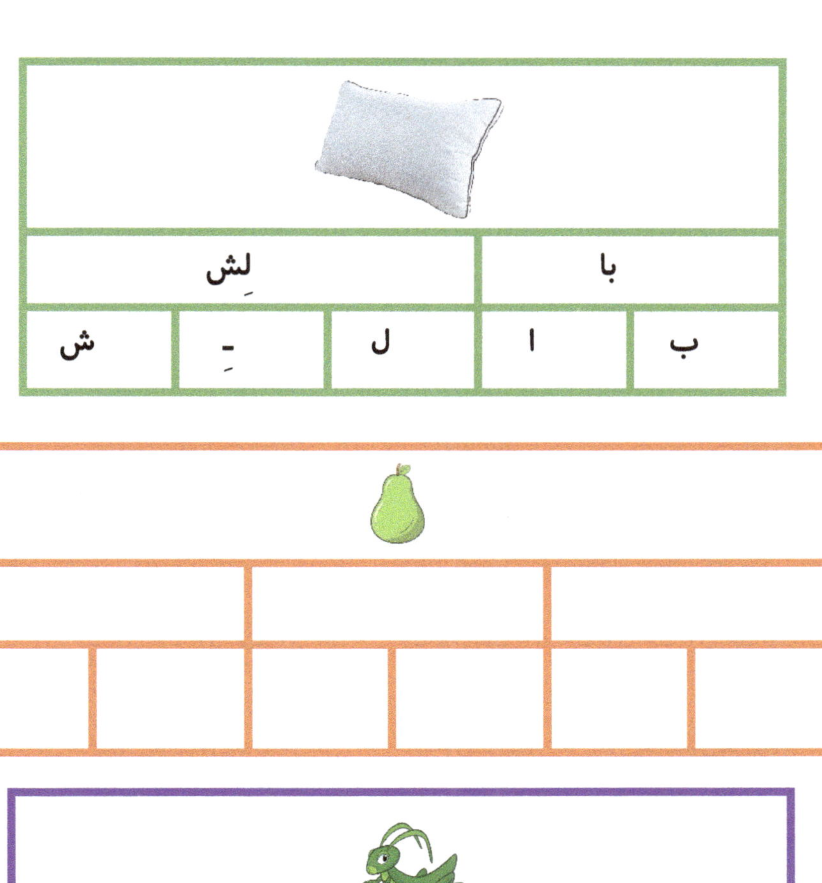

با		لِش		
ب	ا	ل	ـِ	ش

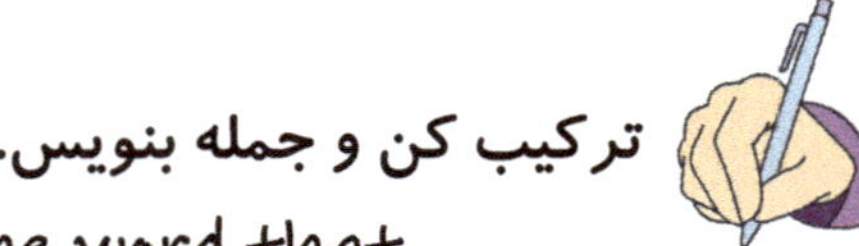

ترکیب کن و جمله بنویس.

Connect the word fragments and write a sentence using the word that is formed.

فوتـ	+	بال		
کِـ	+	لاس		
سا	+	لِم		
دَ	+	لیل		
زَنـ	+	بیل		

ضرب المثل (Proverb)

دَسته گُل به آب دادَن

مَعنی: خرابکاری کردن

Meaning: Ruin the work, to do something unsuccessful.

Similar proverb: Lay an egg.

Friend of the Alphabet

یار آلفبا

بخوان، بنویس و به انگلیسی ترجمه کن.

Read, write, and translate the following words into English.

لوس - گول زَدَن - خال - تَلخ - میله - ناله - اِمسال - پارسال - دُنبال - خیال - وَلی - بُلبُل

گُلاب - سُفال - زُلال - بالِش - دَلیل - لالایی - کَلَمه - شالیزار - گُلوله - نیلوفَر - لاله

چهار کلمه از کلمات بالا را انتخاب کن و برایش جمله بساز.

Choose four words from the ones above and make a sentence for it.

در تصویر دور کلماتی که حرف "ل" دارند خط بکشید.

Look at the picture and circle anything that has the letter "ل".

مانند: شال، گُلوله، گُلابی، گُل، صَندَلی، لَبخَند، لِباس، شَلوار، بُلوز، گُلدان، میل بافتَنی، ......

Reeding Practices :

تمرین روخوانی:

مَنزِلِ لیلا دَر خیابانِ اَلبُرز بود. خاله به مَنزِلِ لیلا رَفته بود.

لیلا بَرای خاله‌اش یِک لیوان شَربَتِ آلبالو آوَرد.

روی میزِ اُتاق یِک سَبَد گیلاس، زَردآلو، خیار وَ شَفتالو بود.

خاله بَرای دُختَرِ لیلا لَواشَک دُرُست کَرده بود.

نامِ دُختَرِ لیلا، مینا بود که سه سال داشت.

مینا دَندانَش لَق شُده بود و با اَسباب بازی سَرگرم بود.

خاله به یاد کودَکی لیلا اُفتاد و لَبخَند زَد.

New Words: کلمات جدید:

Leopard	*palang*	پَلَنگ	
Sour Cherry	*âlbâloo*	آلبالو	
Hyacinth	*sonbol*	سُنبُل	
Turtle	*lâkposht*	لاک‌پُشت	
Lemon	*leemoo*	لیمو	
Pillow	*bâlesh*	بالِش	
Grasshopper	*malakh*	مَلَخ	
Pear	*golâbee*	گُلابی	

برای دسترسی به مطالب بیشتر و روخوانی کلمات به این صفحه مراجعه کنید. (QR کد را اسکن کنید)

To access more content and pronunciation, refer to this page. (Scan the QR code)

Spelling Test:

دیکته:

تاریخ: ـــ /ـــ /ـــــ

گزارش آموزگار:

نظر خانواده:

ج مثل جوراب

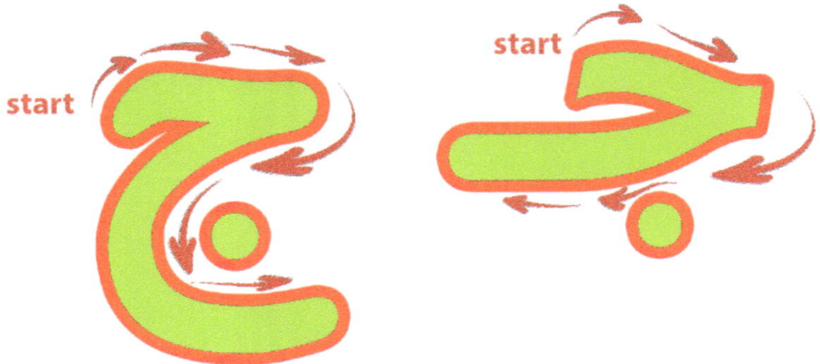

جـ جـ

ج ج

جَدید جَدید

تاج تاج

اَنجیر اَنجیر

جَوان جَوان

Teacher Notes:

توضیحات آموزگار

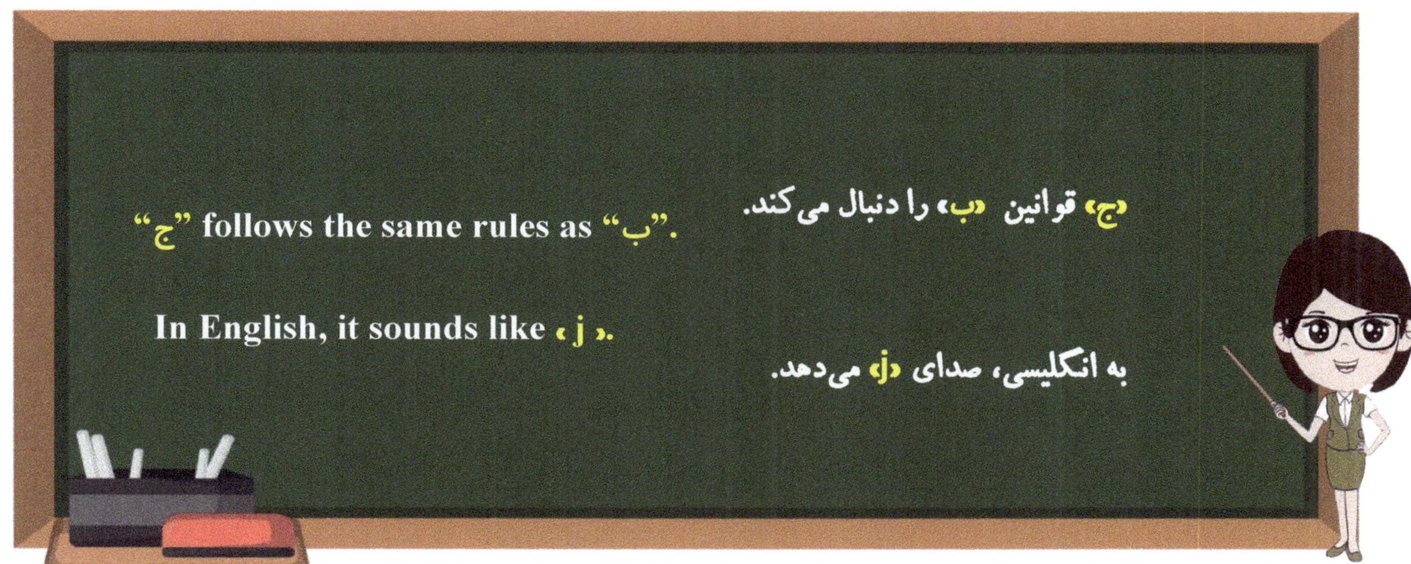

«ج» قوانین «ب» را دنبال می‌کند.
"ج" follows the same rules as "ب".
In English, it sounds like « j ».
به انگلیسی، صدای «j» می‌دهد.

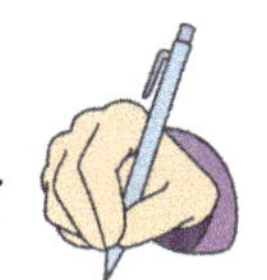

کلمه‌ها را زیر تصویر مناسب بنویس.

Write the name of each picture below it.

۵

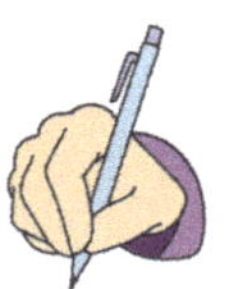

تعداد شکل‌ها را بشمار و به اندازه دایره‌های خالی را پر کن.

Count the number of times you see each one of the pictures below and fill in the same number of circles next to its name.

بادِمجان: ○○○○

جارو: ○○○○

جُفت جوراب: ○○○○

سَنجاب: ○○○○

بخوان و بنویس.

Read the sentences below and copy each one out on the line next to it.

مَرجان پَنج سَنجاق جورواجور پیدا کَرد. ______________________

گَنجِ گُم شده داخِلِ جَنگل دَر جَزیره‌ی دوری بود. ______________________

سَنجابی اَز دِرَختِ نارنج پایین آمَد. ______________________

ماجِرای جادوگَرِ بَدجِنس خیلی جالِب است. ______________________

چهار کلمه بنویس که حرف «جـ» اول داشته باشد.

Write four words that start with "جـ".

۱-	۲-
۳-	۴-

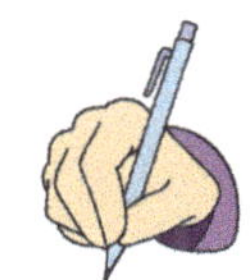

چهار کلمه بنویس که حرف «ج» آخر داشته باشد.

Write four words containing, but do not start with "ج".

۱-	۲-
۳-	۴-

کلمه‌ها را مرتب کن و جمله بساز.

Arrange the words and make sentences .

جوشیده – مَن – دَر – جیران – آب – فِنجان – ریخت

________________________________ .

می‌جَوَند – جانِوَران – را – کاج – بَرگِ – دِرَختِ

________________________________ .

پُر آب – جوی – آن – می‌رَود – کُجا

________________________________ ؟

برِنج – جَمشید – بود – مُراقِب – جوشیدَن

________________________________ .

دَر ایران – بسیار – فارس – زیبا – اَست – خلیجِ

________________________________ .

تمرین بخش‌کِشی:

Syllables Practice:

جدول‌ها را کامل کن.

Complete the tables.

جیر جیرَک							

جایِزه					

جَزیره					

روخوانی:

Reading :

جَمشید اَز پِدَرِش اِجازه گِرِفت تا با دوستَش جَلیل به جَنگَل بِرَوَند.

آنان یِک جُفت پَرَنده‌ی زیبا روی دِرَخت بُلندِ کاج دیدَند.

کِنارِ جویِ آب، جانوَری بود که نامَش را نمی‌دانِستَند.

مَجید دَر جَنگَل به آنان رِسید و خِرسی را از دور نِشان داد.

آنان تَرسیدَند و بَرای نِجاتِشان به سمتِ خانه دویدَند.

پِدَر اَز دور مُراقِبِشان بود وَ ماجَرا را به او گُفتَند.

پَنج گُنجِشک کِنارِ پَنجِره جیک جیک می‌کَردند.

مَرجان یِک فنجان آب برای آنان بُرد.

جَمشید یِکی از آنان را جُدا کرد و به پِدَر نِشان داد.

بال آن گُنجِشک نارِنجی رَنگ بود.

Friend of the Alphabet

یار اَلفبا

بخوان، بنویس و به انگلیسی ترجمه کن.

Read, write, and translate the following words into English.

می‌جوشد - تاج - کاج - جُمله - اُجاق - اینجا - واجِب - خارِج - جامَدادی - جَریمه - خِجالَت - اِسفناج

آجیل - پَنجِره - جَدید - فِنجان - اَنجیر

چهار کلمه از کلمات بالا را انتخاب کن و برایش جمله بساز.

Choose four words from the ones above and make a sentence for it.

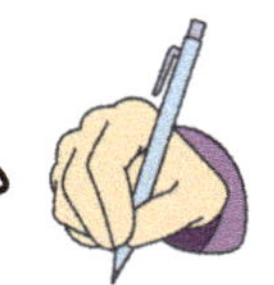

در تصویر دور کلماتی که حرف "ج" دارند خط بکشید.

Look at the picture and circle anything that has the letter "ج".

مانند: سَنجاب، جَنگَل، جویبار، جُغد، جالیز، کاج، جانِور

برای تصویر دو جمله بساز:

Write two sentences:

ضرب المثل (Proverb)

جوجه را آخَر پاییز میشُمارَند.

مَعنی: مشخص شدن نتیجه کارها پس از پایان آن

Meaning: Don't count on profits before you earn them or have them in hand

Similar proverb: Don't count your chickens before they hatch

Spelling Test: دیکته:

New Words: کلمات جدید:

Sprout	*Javâne*	جوانه	
Crown	*tâj*	تاج	
Brick	*âjor*	آجُر	
Socks	*joorâb*	جوراب	
Dragonfly	*sanjâghak*	سَنجاقَک	
Chick	*jooje*	جوجه	
Pine	*kâj*	کاج	
Squirrel	*sanjâb*	سَنجاب	
Eggplant	*bademjân*	بادِمجان	
Broom	*jâroo*	جارو	
Pin, Hair pin	*sanjâgh*	سَنجاق	
Treasure	*ganj*	گَنج	

Island	*jazeere*	جَزیره	
Orange color	*Nâranjee*	نارنجی	
Adventure, Story	*mâajerâ*	ماجِرا	
Witch	*Jâdoogar*	جادوگَر	
Boiled	*joosheedeh*	جوشیده	
Cup	*fenjân*	فِنجان	
Fig	*anjeer*	اَنجیر	
Animals	*jânevar*	جانِوَران	
Rice	*berenj*	بِرِنج	

برای دسترسی به مطالب بیشتر و روخوانی کلمات به این صفحه مراجعه کنید. (QR کد را اسکن کنید)

To access more content and pronunciation, refer to this page. (Scan the QR code)

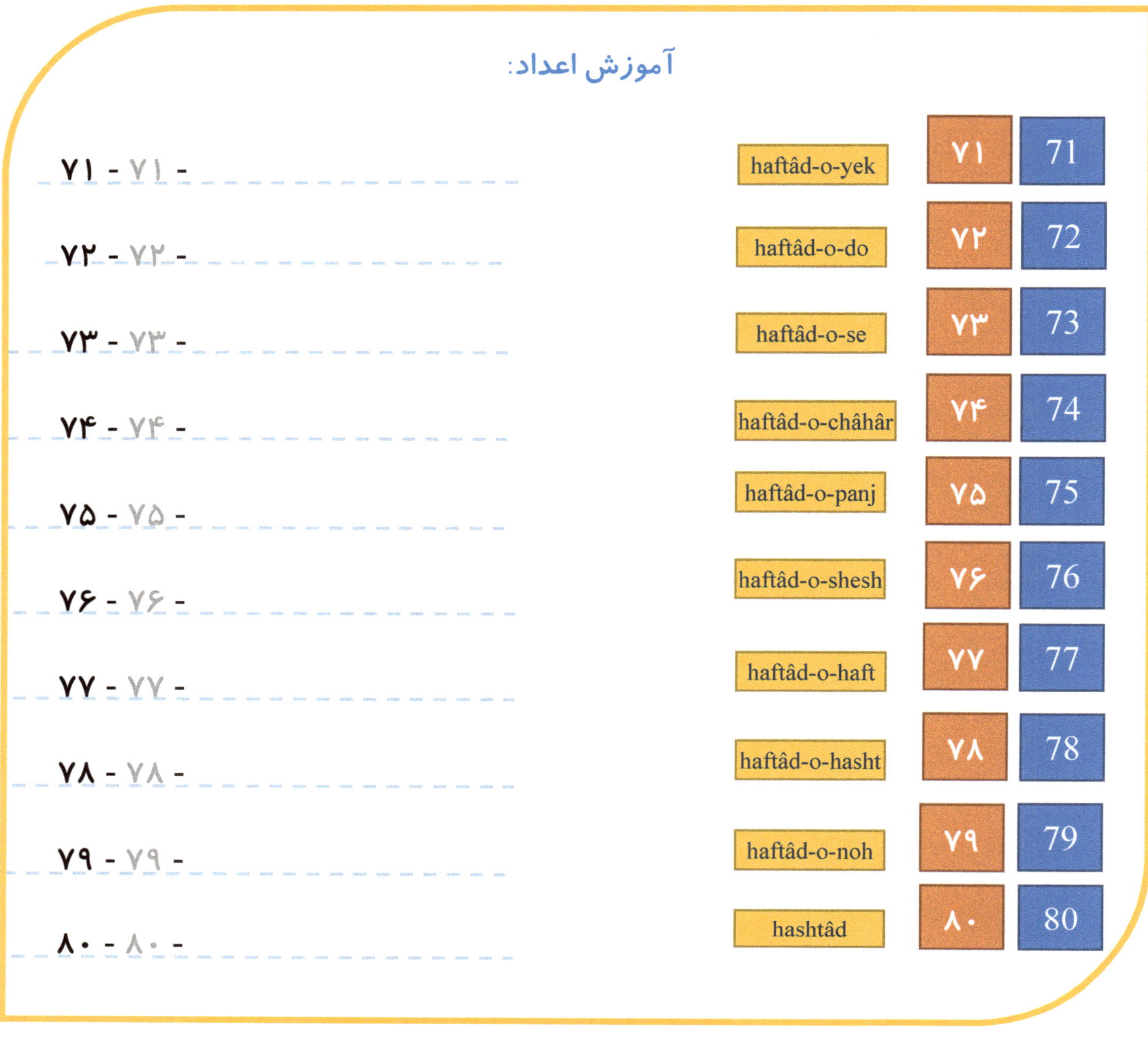

آموزش اعداد:
71
۷۱
haftâd-o-yek
۷۱ - ۷۱ -
72
۷۲
haftâd-o-do
۷۲ - ۷۲ -
73
۷۳
haftâd-o-se
۷۳ - ۷۳ -
74
۷۴
haftâd-o-châhâr
۷۴ - ۷۴ -
75
۷۵
haftâd-o-panj
۷۵ - ۷۵ -
76
۷۶
haftâd-o-shesh
۷۶ - ۷۶ -
77
۷۷
haftâd-o-haft
۷۷ - ۷۷ -
78
۷۸
haftâd-o-hasht
۷۸ - ۷۸ -
79
۷۹
haftâd-o-noh
۷۹ - ۷۹ -
80
۸۰
hashtâd
۸۰ - ۸۰ -

تاریخ: __ /__ /____

گزارش آموزگار:

نظر خانواده:

درس۲۶

و مثل کادو

و

وُ

استثناء

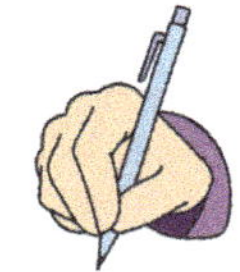

و و

خود خود

فوری فوری

پلو پلو

موز موز

رادیو رادیو

نوروز نوروز

Teacher Notes:

توضیحات آموزگار:

تا کنون با نشانه‌های زیر آشنا شده‌ایم:

۱. «و» با صدای "oo" مثل «موش»

۲.«و» با صدای «v» مثل «وَرزِش»

By now, we have known two different sounds of this letter و:

1. «و» with the sound "oo" as in "موش"
2. «و» with the sound "v" as in "وَرزِش"

در این درس با حالت سوم این نشانه آشنا می‌شویم، صدای «o» مانند «دو». به این صدا «ـُ استثنا» می‌گویند.

In this lesson, we will be introduced to the third sound which is "o" such as in "دو". This form is called "ـُ استثنا", meaning the "exceptional 'o'".

کلماتی که این نشانه را دارند محدود بوده و به‌مرور در حافظه دانش‌آموز ثبت می‌شود.

The words that have this sign are exceptions and limited they will be memorised by practice.

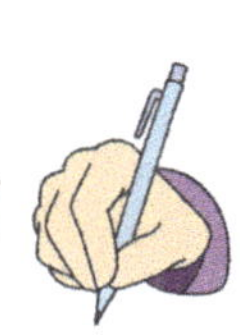

آن جمله‌ای را که مربوط به تصویر است مشخص کن.

Underline the sentence that corresponds to the image.

خُروس به دانه‌ی گَندُم نوک زد.

دِرَخت مو سه بَرگِ نو دَرآوَرده اَست.

خُسرو دیشَب سوسیس خورد.

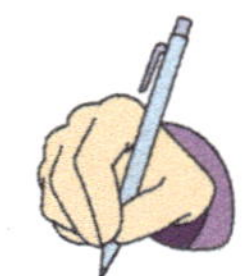

نام هر تصویر را در جای مناسب بنویس.

Write the names of the pictures below them.

کلماتی که صدای «ـُ» مانند «خورشید» دارند با مداد قرمز رنگ بزن. کلماتی که صدای «و» مانند «آواز» دارند با مداد آبی رنگ بزن.

Using a red pencil, circle the words that contain the "ـُ" ("o") sound such as in "خورشید". Using a blue pencil, circle the words that contain the "و" ("v") sound such as in "آواز".

نَوازِش ☐ تَوانِستَن ☐ تابلو ☐ فوری ☐

کادو ☐ رادیو ☐ دَماوَند ☐ خوردَن ☐

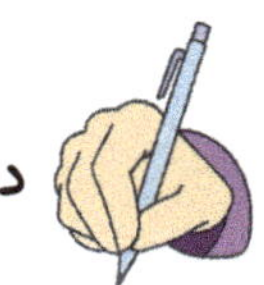

در هر گروه، یکی از کلمات با بقیه فرق دارد. آن را در جای خالی بنویس.

In each group of words, there is one words that is different from the others. Write that word in the blank space.

پلو، خوردن،دوشنبه، خوشمزه: ____________

جو، موز، گوجه فَرنگی، خودکار: ____________

خوش‌بخت، تِراکتور، آمبولانس، اُتوبوس: ____________

مانتو، پالتو، خودرو: ____________

تمرین روخوانی:

Reading practice:

نوروز * جَشن بُزرگ ایرانی اَست.

فَردا با روشن شُدن آسمان و دَر آمدن خورشید، ما بَرای سال نو آماده می‌شویم و لِباس نو می‌پوشیم.

دَر خانه‌ی پِدر بُزرگ و مادَر بُزرگ ما شادیم، شیرینی و میوه می‌خوریم و اَز

اَفراد خانِواده کادو می‌گیریم.

یک سَبَد موز، نارِنگی، سیب و پرتقال روی میزِ خانه است.

ما اِمشَب شام سَبزی پُلو داریم .

مادَر اَز مادَر بُزُرگ می‌پُرسَد :«رازِ خُوش‌مَزه‌تر شُدن سَبزی پُلوی او چیست؟»

ما می‌خَندیدم و می‌گوییم سَبزی پُلوی مادر نیز بِسیار خوش‌مَزه و خُوش‌بو اَست.

خانواده‌ی مَن دَر کِشور کانادا نُوروز را هَر سال جَشن می‌گیرَند وَ به این مَراسِم زیبا اِفتخار می‌کُنند.

نوروزِ امسال دو خاله‌ی مَن اَز ایران به دیدَن ما آمدند.

مَن خود را خوشبخت می‌دانَم که با خانواده مَراسِم شاد ایرانی و کانادایی داریم.

Friend of the Alphabet

یار الفبا

کلمات زیر را بخوان، بنویس و به انگلیسی ترجمه کن.

Friend of the Alphabet: Read and write the following words, then translate them into English.

جو - دِرو - بُرو - دوباره - خوش‌مَزه - خوش‌بو - خوش‌رو - نوروز* - خوردن - کادو- پلو - روشن

خورشید - نوک - خوراک - خودکار - فوری

چهار کلمه از کلمات بالا را انتخاب کن و برایش جمله بساز.

Choose four words from the ones above and make a sentence for it.

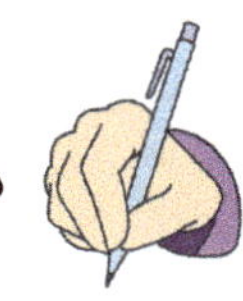

در تصویر دور کلماتی که حرف " و استثناء " دارند خط بکشید.

Look at the picture and circle anything that has the letter " و ".

مانند: خوردن، خوش‌مزه، خوش‌بو، پُلو، رادیو، خورشید، خوراک، روشنایی . . . .

تمرین بخش کِشی:

جدول‌ها را کامل کن.

Syllables Practice:

Complete the tables.

دوشَنبه						

خودکار					

خوردن					

نُخود				

New Words: کلمات جدید:

Sun	*khorsheed*	خورشید 
Bus	*otoboos*	اتوبوس 
Pen, Automatically	*khodkâr*	خودکار 
Infant	*nozâd*	نوزاد 
Dry forms of pea	*nokhod*	نُخود 
Radio	*râdeeo*	رادیو 
Immediate, Instant	*foree*	فوری 
Nowruz, Persian New Year	*norooz*	نوروز 
Coddle, Caress,	*navâzesh*	نَوازِش 
To eat	*khordân*	خوردَن 
Mount Damavand	*damâvand*	دَماوَند 
Sausage	*sosees*	سوسیس 

آموزش اعداد:

81	۸۱	hashtâd-o-yek
82	۸۲	hashtâd-o-do
83	۸۳	hashtâd-o-se
84	۸۴	hashtâd-o-châhâr
85	۸۷	hashtâd-o-panj
86	۸۶	hashtâd-o-shesh
87	۸۷	hashtâd-o-haft
88	۸۸	hashtâd-o-hasht
89	۸۹	hashtâd-o-noh
90	۹۰	navad

۸۱ - ۸۱ -

۸۲ - ۸۲ -

۸۳ - ۸۳ -

۸۴ - ۸۴ -

۸۵ - ۸۵ -

۸۶ - ۸۶ -

۸۷ - ۸۷ -

۸۸ - ۸۸ -

۸۹ - ۸۹ -

۹۰ - ۹۰ -

برای دسترسی به مطالب بیشتر و روخوانی کلمات به این صفحه مراجعه کنید. (QRکد را اسکن کنید)

To access more content and pronunciation, refer to this page. (Scan the QR code)

دیکته:

Spelling Test:

تاریخ: __ /__ /____

گزارش آموزگار:

نظر خانواده:

هـ مثل هَشت‌پا

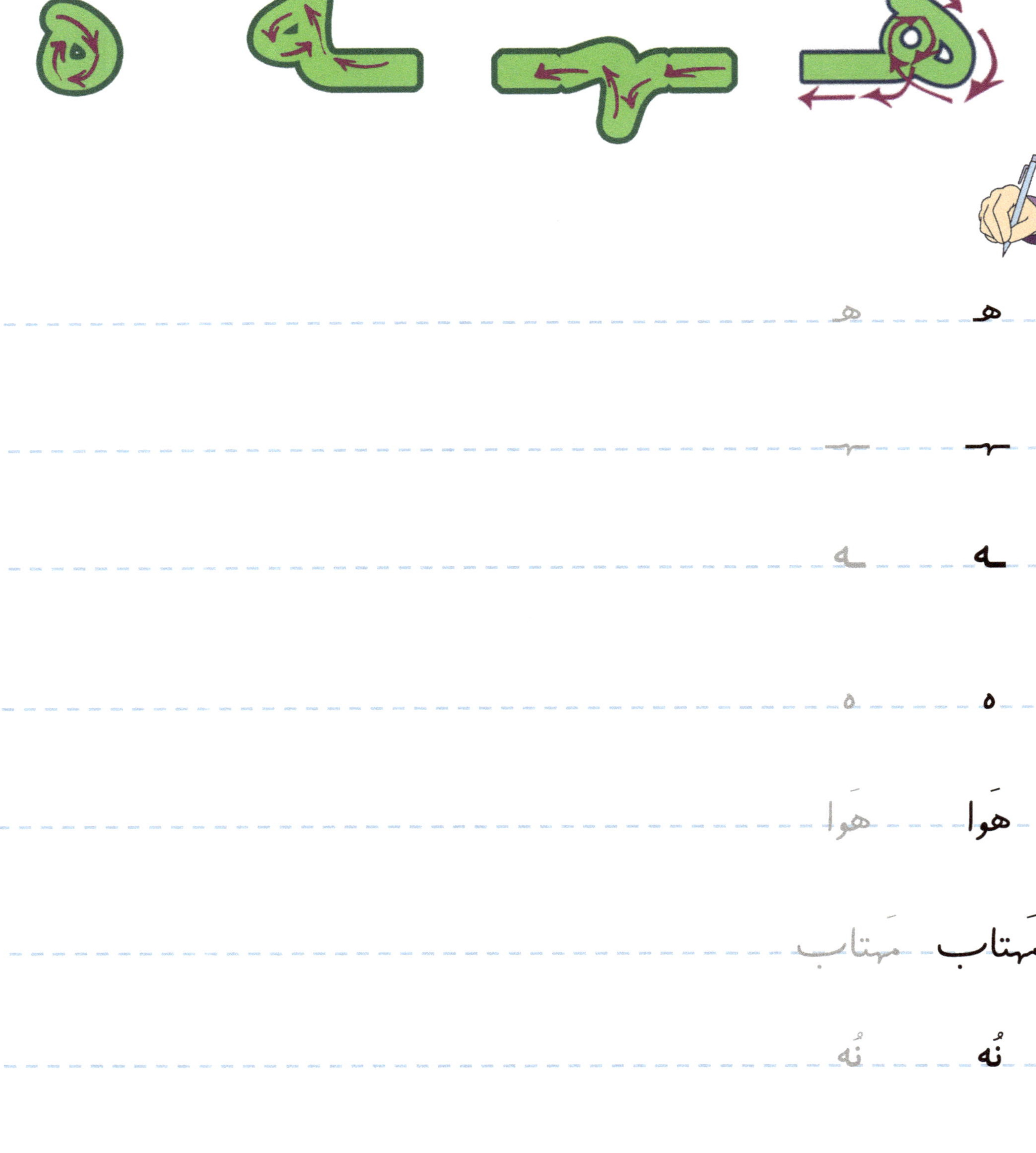
Start
ه ه
ـهـ ـهـ
ـه ـه
ه ه
هَوا هَوا
مَهتاب مَهتاب
نُه نُه
سیزده سیزده

Teacher Notes: **توضیحات آموزگار:**

نشانه " هـ اول، ـهـ وسط، ـه آخر چسبان، ه آخر تنها " ، اول، وسط و آخر کلمه می‌آیند. مانند: هوشنگ، جهان، به به ، دَه.

"هـ" Always comes at the beginning, "ـهـ" comes in the middle and "ـه"comes at the end and attached to the letter before that and " ه " comes at the end too but does not attach to the previous letter.

In English, it sounds like "h".

به انگلیسی، صدای «h» می دهد.

قبلا با " ـه ه" که صدای e می‌داد آشنا شده بودیم که با ـه آخر چسبان، ه آخر با صدای h می‌دهد متفاوت است. مانند : کلاه (صدای H)، نرده (صدای E) مِه (صدای H) کوسه (صدای e.)

Before we learn "ـه ه" letter that have e sound. But "ـه ه" letter that we learn now have h sound.

Example: / کُلاه H /نَرده E /مِه H /کوسه e .

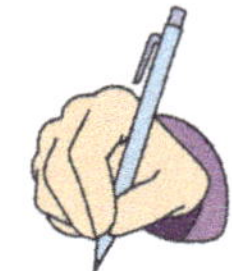

هر تصویر را به کلمه‌ی مربوط به خود وصل کن.

Connect each picture to the correct name.

کُلاه

هَواپِیما

ماهی

نِگَهبان

دَه

بَهار

هُدهُد

دورکلماتی که صدای «اِ = e» مانند «کُلبه» دارند با مداد قرمز رنگ دایره بکش. و دورکلماتی که صدای «هـ = h» مانند «هَوا» دارند با مداد آبی دایره بکش.

Using a red pencil, circle the words that contain the "ـِ" ("e") sound such as in "کُلبه".
Using a blue pencil, circle the words that contain the "ه" ("h") sound such as in "هَوا".

هَمبازی   مِه   یازدَه   دانه   پیراهَن   گُناه

ساده   بَه بَه   پَرده   هِفده   نامه

شَهرزاد*   خَنده   ماه   تازه

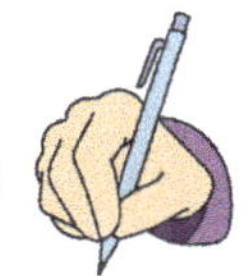

تعداد ماهی‌ها را بشمار و زیر هر تصویر شماره را بنویس.

Count the number of fish and write the correct number under each picture.

هر کلمه را بخوان و در جای مناسب بنویس.

Read each word and write it in the correct spot.

روباه – خانه – میوه – گیاه – کوتاه – پَروانه – خاله – روزنامه
سیاه- کارگاه- خَنده - کوه

"ه"								
"اِ"								

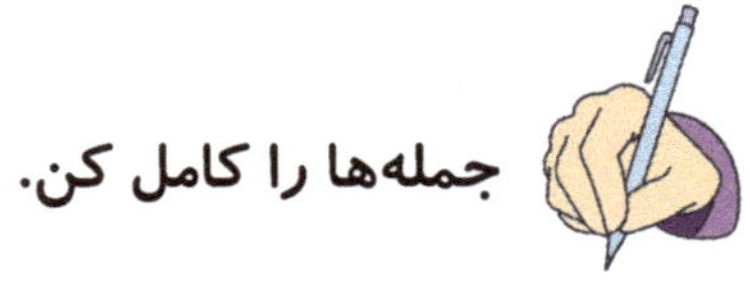

جمله‌ها را کامل کن.

Complete the sentences.

تو فَهمیده هَستی.

مَن فَهمیده ______.

او فَهمیده ______.

ما فَهمیده ______.

شما فَهمیده ______.

آن‌ها فَهمیده ______.

روخوانی: Reading:

میهنِ من، ایران، شهرهای زیبایی دارَد.

مَردمانِ ایران هَم مانندِ دیگر مَردمان جَهان مِهربان وَ با هوش هَستَند.

یکی اَز مَشهورتَرین شَهرهای ایران شیراز اَست.

هَمدان، اَهواز و کِرمانشاه مَکان‌های تاریخی زیبایی دارَند.

شَهمیرزاد در اُستان سِمنان یِکی اَز زیباترین شهرهای ایران است.

تِهران پایتَخت ایران است.

اُستان هُرمُزگان با اُستان بوشِهر هَمسایه اَست.

دَر شَهرِ مَشهد هُتل‌های بسیاری برای گَردِش‌گران خارِجی ساخته شده است.

مَن نام‌های زیبای فارسی مانندِ بَهرام، مَهتاب، هُوشنگ، شاهین، مِهرنوش، مِهرداد و هاله را دوست دارم.

در فَرهَنگ ایرانی جَشن‌های شاد بِسیاری وُجود دارَد.

Friend of the Alphabet

یار اَلفبا

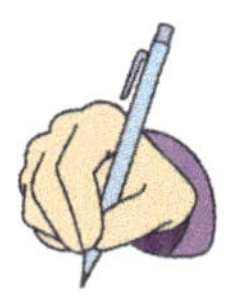

کلمات زیر را بخوان، بنویس و به انگلیسی ترجمه کن.

Friend of the Alphabet: Read and write the following words, then translate them into English.

مُهر – دِه – کاه – هوش – هَدَر – هَنوز – هِنگام – ناهار – هَوَس – گُناه – روباه – هَرگِز – گیاه –پِنهان

هَسته – ماهیگیر – پَهلِوان – قَهرِمان – هِندوستان

چهارکلمه از کلمات بالا را انتخاب کن و برایش جمله بساز.

Choose four words from the ones above and make a sentence for it.

برای دسترسی به مطالب بیشتر و روخوانی کلمات به این صفحه مراجعه کنید. (QRکد را اسکن کنید)

To access more content and pronunciation, refer to this page. (Scan the QR code)

New Words:

کلمات جدید:

Airplane	*havâpeyma*	هَواپیما	
Spring	*bahâr*	بَهار	
Hat	*kolâh*	کُلاه	
Coffee	*ghahve*	قَهوه	
Fish	*mâhee*	ماهی	
Guard	*negahbân*	نِگَهبان	
Home, House	*khâne*	خانه	
Hoopoe	*hodhod*	هُدهُد	
Affection, Name of the first month of fall	*mehr*	مِهر	
Stamp	*mohr*	مُهر	

Spelling Test:

دیکته:

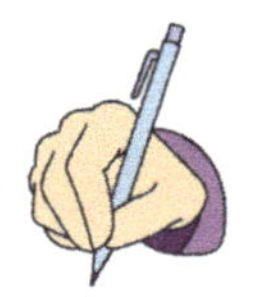

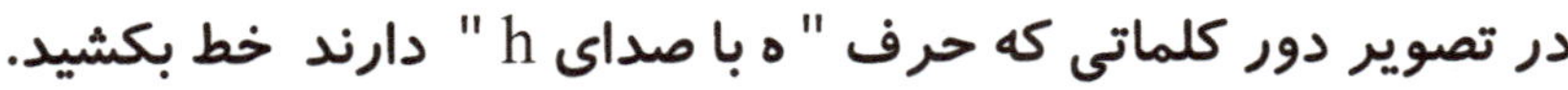

در تصویر دور کلماتی که حرف " ه با صدای h " دارند خط بکشید.

Look at the picture and circle anything that has the letter " هـ " with the h sound.

مانند: هَواپِیما، هَوا، یازدَه، کُلاه، پیراهَن، ماه، فُرودگاه ......

تاریخ: __ /__ /____

گزارش آموزگار:

نظر خانواده:

چ مثل چَرخ

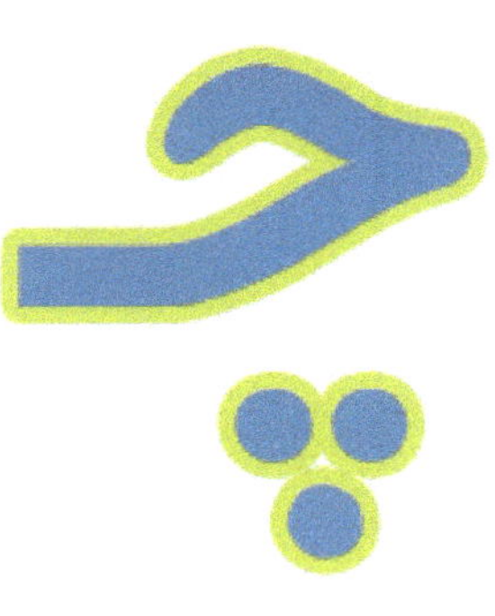

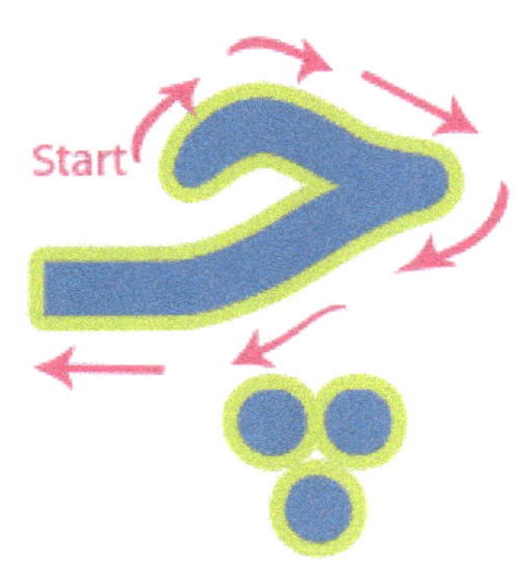

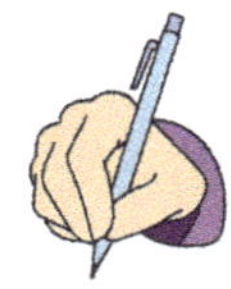

چـ چـ

چِشم چِشم

پَرچَم پَرچَم

پیچ پیچ

دارچین دارچین

Teacher Notes: توضیحات آموزگار:

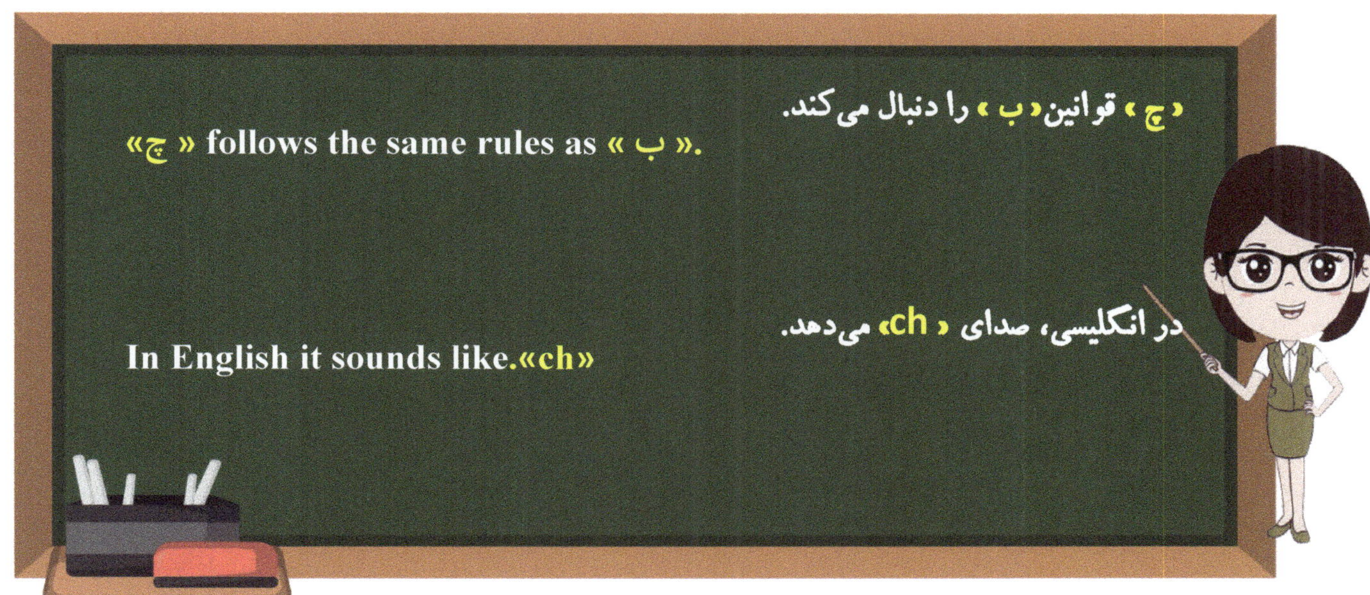

«چ» قوانین«ب» را دنبال می‌کند.
«چ» follows the same rules as «ب».
در انگلیسی، صدای «ch» می‌دهد.
In English it sounds like.«ch»

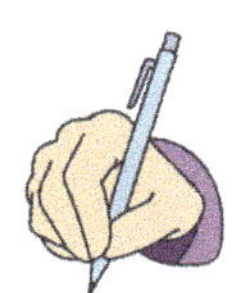

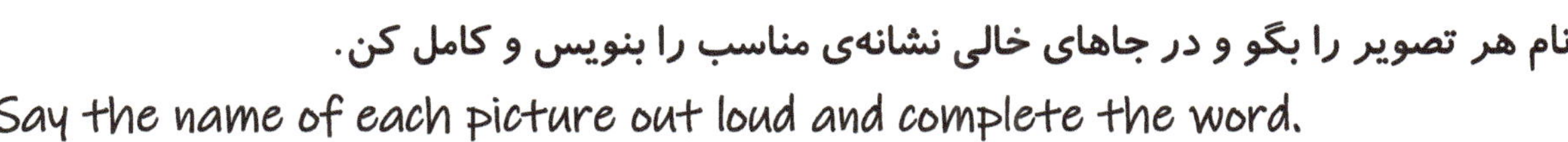

نام هر تصویر را بگو و در جاهای خالی نشانه‌ی مناسب را بنویس و کامل کن.

Say the name of each picture out loud and complete the word.

			۴
مور ـه	پیـ ـ	دار ـین	ـهار
قِیـ ـی	ـَتر	دو ـَرخه	دَریا ـه

مخالف کلمه‌های زیر را بنویس.

Write the antonym, or opposite word for each of the following words.

راست:

بُزرگ:

چابُک:

روخوانی:

Reading:

روز چهارشنبه گُلچِهره بَرای پِدَرش، مَنوچِهر که چوپان بود اَز چِشمه آب بُرد.

وَقتی مَنوچِهر دُختَرش را دید، چهار سیب اَز دِرَخت چید و بَرایشان بُرد.

چهارده گوسفَند و دَه قوچ دَر چِراگاه با شادی می‌چَریدَند.

پِدَرِ گُلچِهره با چوب، آتَش روشَن کَرد و روی آن چای دَم کَرد.

پِسرِ کوچَک و چابُکی در چَمَن‌های سَبز می‌دوید.

او یِک سَبد پُر اَز قارچ های خوراکی در دَست داشت.

پسر کوچک به آنان سَلام کَرد و مَنوچِهر بَرای گُلچِهره و او در کِنار آتش نِی زَد.

گُلچِهره دَر یِک بُشقابِ چینی چَند کُلوچه چیده بود.

آنان چای با کُلوچه خوردند و چِلچِله‌ای روی شاخه‌ی دِرَخت آواز سَر داده بود.

آن روز هیچ ابری در آسمان نبود و آفتاب زیبایی می‌تابید.

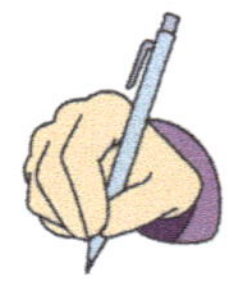

تعداد کلوچه‌ها را بشمار و شماره مناسب را زیرش بنویس. سپس مانند نمونه اسم کامل آن شماره را بنویس.

Count the number of "koloocheh" cookies and write the correct number under each picture.

سه

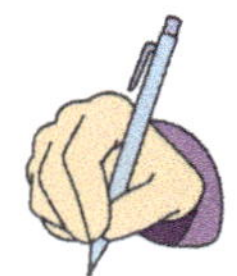

باکمک تصاویر جدول را کامل کنید.

With the help of the pictures, complete the crossword.

						ق	
			و				
			د				

کلمه‌های مربوط به هم را به هم وصل کن و سپس، با هر جفت یک جمله بساز.

related words to each other and then, write a sentence using each pair.

چِلوکَباب	چُروک	_ _
پارچه‌ی	چَرمی	_ _
چوب	چَرب	_ _
چَمِدان	کوچَک	_ _

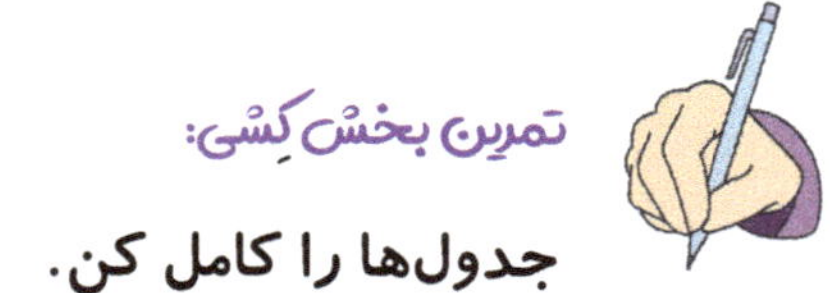

تمرین بخش کِشی:

Syllables Practice:

جدول‌ها را کامل کن.

Complete the tables.

چاقو			

پَرچَم					

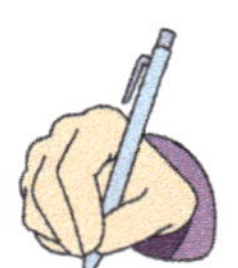

در تصویر دور کلماتی که حرف "چ " دارند خط بکشید.

Look at the picture and circle anything that has the letter " چ " with

مانند: دوچَرخه، چَرخ، چوب، دَریاچه، چَتر، چشم، چَمَن،.......

برای تصویر بالا دو جمله بنویس.

Write two sentences for the above picture.

Friend of the Alphabet

یار اَلفبا

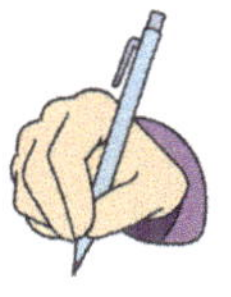

کلمات زیر را بخوان، بنویس و به انگلیسی ترجمه کن.

Friend of the Alphabet: Read and write the following words, then translate them into English.

کوچ - گچ - چاه - پارچ - چِرک - چُرت - چَرم - چاپ - کوچه - چاله - پَنچَر - چیدَن - چِشمَک - چَنگال

یَخچال - پیازچه - چِلچِله - نُخودچی - چهارراه - چهارشَنبه

چهاردو کلمه از کلمات بالا را انتخاب کن و برایش جمله بساز.

Choose four words from the ones above and make a sentence for it.

New Words: | کلمات جدید:

Ant	*moorche*	مورچه	
Refrigerator	*yakhchâl*	یَخچال	
Wednesday	*châhârshanbe*	چهارشَنبه	
Bike	*docharkhe*	دوچرخه	
Screw	*peech*	پیچ	
Cinnamon	*dârcheen*	دارچین	
Ram	*ghooch*	قوچ	
Boot	*chakme*	چَکمه	
Lake	*daryâche*	دَریاچه	
Scissor	*ghaychee*	قیچی	

Spelling Test:

دیکته:

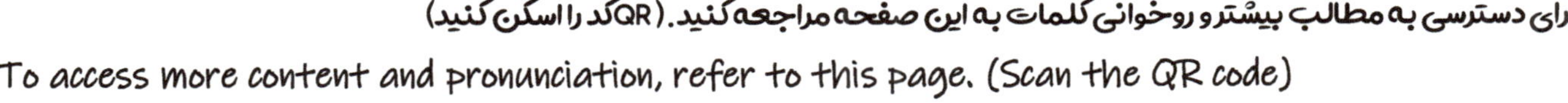

برای دسترسی به مطالب بیشتر و روخوانی کلمات به این صفحه مراجعه کنید. (QR کد را اسکن کنید)

To access more content and pronunciation, refer to this page. (Scan the QR code)

آموزش اعداد:
91
۹۱
navad-o-yek
92
۹۲
navad-o-do
93
۹۳
navad-o-se
94
۹۴
navad-o-châhâr
95
۹۷
navad-o-panj
86
۹۶
navad-o-shesh
97
۹۷
navad-o-haft
98
۹۸
navad-o-hasht
99
۹۹
navad-o-noh
100
۱۰۰
sad
۹۱ - ۹۱ -
۹۲ - ۹۲ -
۹۳ - ۹۳ -
۹۴ - ۹۴ -
۹۵ - ۹۵ -
۹۶ - ۹۶ -
۹۷ - ۹۷ -
۹۸ - ۹۸ -
۹۹ - ۹۹ -
۱۰۰ - ۱۰۰ -

تاریخ: __ /__ /____

گزارش آموزگار:

نظر خانواده:

ژ مثل اِژدها

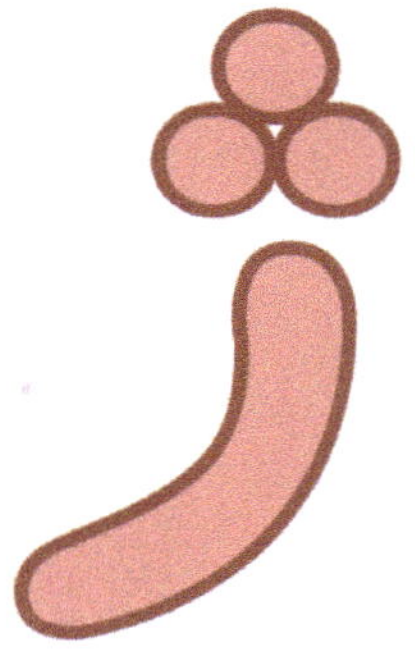

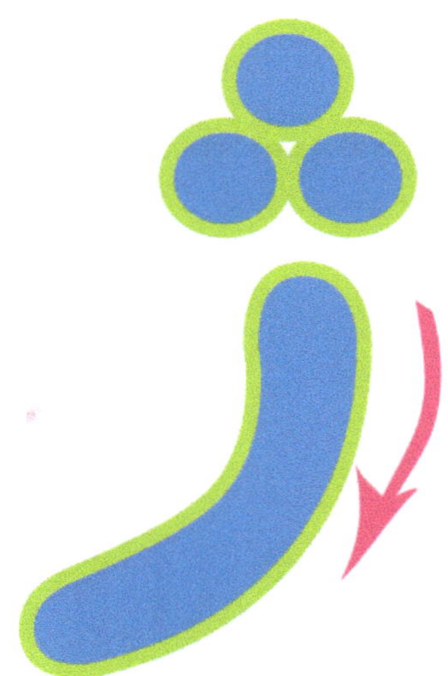

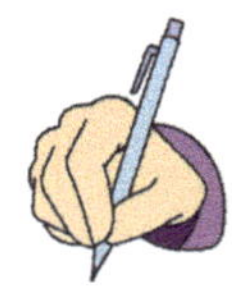

ژ ژ

ژاپُن ژاپُن

مُژه مُژه

اِژدها اِژدها

پَژمُرده پَژمُرده

Teacher Notes: توضیحات آموزگار:

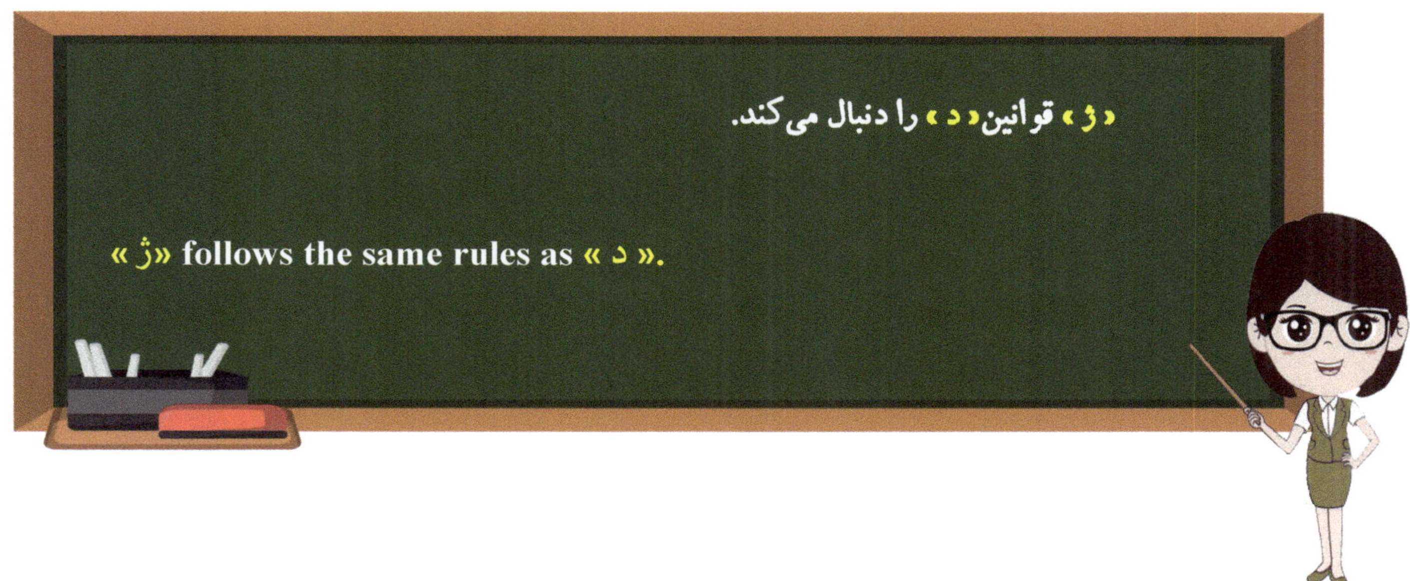

«ژ» قوانین «د» را دنبال می‌کند.
«ژ» follows the same rules as «د».

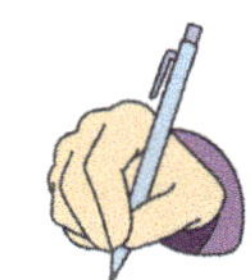

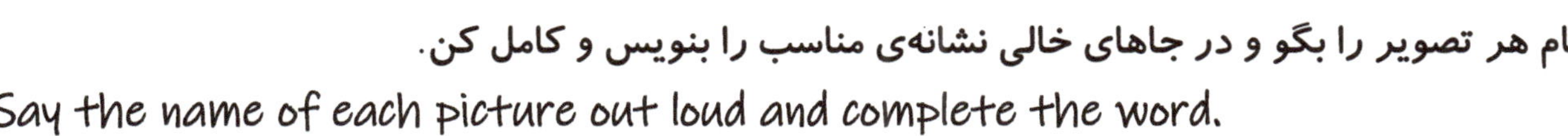

نام هر تصویر را بگو و در جاهای خالی نشانه‌ی مناسب را بنویس و کامل کن.

Say the name of each picture out loud and complete the word.

مُـ ه	ـ اکَت	ما ـ یک	ـ یمناستیک
پَـ مُرده	ا ـ دِها	پیـ امه	ـِ له

کلمه‌ی مناسب را در جای خالی بنویس و جمله ها را کامل کن.

Write the correct word in the blank spaces and complete the sentences.

آژیرکِشان – ژاپُن – پَژمُرده – اِژدها – آرژانتین

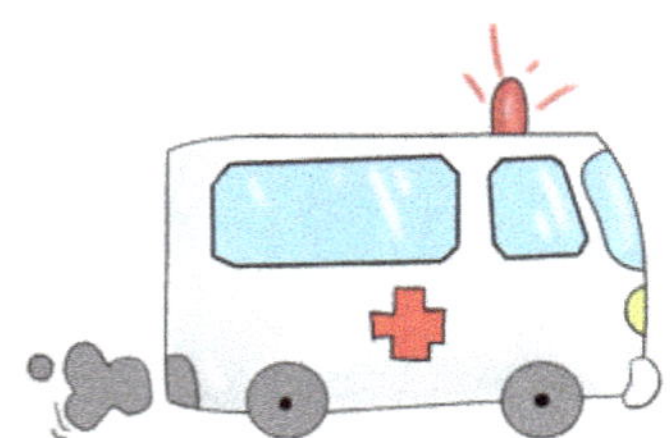

------------- و ------------- در بازی اُلمپیک شِرکَت می‌کُنند.

آمبولانس ------------------- به سوی بیمارستان می‌رَوَد.

گُل‌ها در گُلدان بدون آب ------------------- می‌شوند.

------------------- ی قُدرَتمَند بالای کوه پَرواز می‌کند.

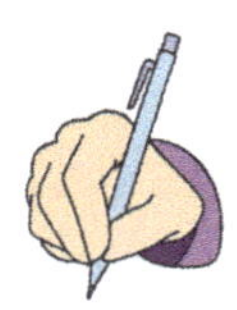

به تصاویر نگاه کن و نام هر کدام را زیر نشانه‌ی مناسب در جدول بنویس. بعضی از کلمات دو نشانه دارند.

Look at the pictures and write the names of each in the correct column in the table.

ژ	ز	ر

بخوان و بنویس

Read the following text and copy it out in the space next to it.

ژاله با بیژن دَر پاساژ پیاده رَوی می‌کَرد.

اِنرژی کَسانی که وَرزِش ژیمناستیک می‌کُنند زیاد اَست.

مُژگان اَز روی ژاکَتم شانه‌هایَم را ماساژ داد.

مَن به اِشتباه روی پیژامه‌ام ژِله ریختَم.

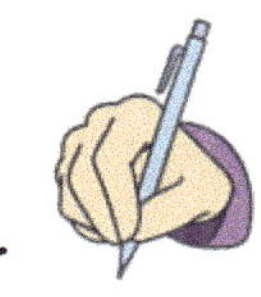

هر دو کلمه‌ی مربوط به هم را پیدا کن و کنار هم بنویس تا یک ترکیب جدید بسازی. (برای ترکیب کردن بعضی از کلمات، حرف «ی و ـِ» باید اضافه کرد.)

Find the pairs of related nouns and modifiers and write them next to each other to create a noun phrase. (In order to combine some words, the letter " ی or ـِ" must be added.)

مورچه، آژیر، کیک، مُژه، رژه، ژله‌ایی، بُلَند، آمبولانس

۱- ______ ______ ۲- ______ ______

۳- ______ ______ ۴- ______ ______

Reading: روخوانی:

مُژگان دیروز ماشین پِژو خَرید.

او به خانه رَفت، دُختَرَش ژاله را سَوارِ ماشین کَرد و بَرای خَرید به سَمتِ پاساژِ بُزُرگی رانَندِگی کَرد.

آن‌ها دَر راه آمبولانسی را دیدَند که آژیرکِشان از خیابانِ روبرو رَد می‌شُد.

ژاله فُوری رانَنده آمبولانس را شِناخت، او بیژَن دوست بَرادرش بود.

بیژَن با مَنیژه، دوستِ مُژگان ازدواج کَرده و یِک پِسر به نام اَرژَنگ دارد.

اَرژَنگ قَهرمانِ ژیمناستیک است و در مُسابِقه‌ی مدرسه بَرَنده شده است.

وَقتی به پاساژ رسیدَند، مُژگان ماشینَش را کِنار یِک ژیانِ زَرد رَنگ پارک کَرد.

او بَرای هَمسَرَش یِک ژاکَت و بَرای ژاله دو دَفتَر و یِک بَسته ماژیک خَرید.

پِژمان هَمسرِ مُژگان به کِشورِ ژاپُن سَفر کَرده است.

مُژگان و ژاله پَس اَز خَرید، دَر راه خانه ساندُویچ ژامبون خَریدَند.

برای هر کلمه یک جمله بنوس.

Write a sentence for each of the words.

ژِل: ______________________

شوفاژ: ______________________

گاراژ: ______________________

ژِست: ______________________

پَژمُرده: ______________________

Spelling Test:

دیکته:

تاریخ: __ /__ /____

گزارش آموزگار:

نظر خانواده:

Friend of the Alphabet

یار اَلفبا

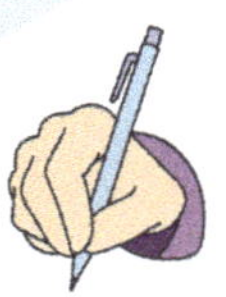

کلمات زیر را بخوان، بنویس و به انگلیسی ترجمه کن.

Friend of the Alphabet: Read and write the following words, then translate them into English.

گاراژ - ماژیک - مُژه - ژاکت - رِژیم - ژولیده - ژِله

چهار کلمه از کلمات بالا را انتخاب کن و برایش جمله بساز.

Choose four words from the ones above and make a sentence for it.

برای دسترسی به مطالب بیشتر و روخوانی کلمات به این صفحه مراجعه کنید. (QR کد را اسکن کنید)

To access more content and pronunciation, refer to this page. (Scan the QR code)

:کلمات جدید

New Words:

Fortress	*dež*	دِژ	
Gene	*žen*	ژِن	
Fearsome, A car made brand	*žeeyân*	ژیان	
A given name mostly for boys	*pežmân*	پِژمان	Name
Garage	*gârâž*	گاراژ	
Shaggy, Disheveled	*žooleede*	ژولیده	
Marker	*mâžeek*	ماژیک	
Jacket	*žâkat*	ژاکَت	

Alarm	*âžeer*	آژیر	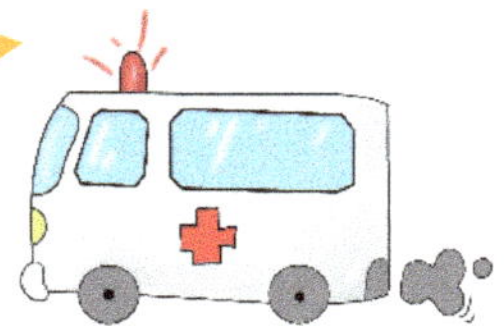
Gymnastice	*žeemnâsteek*	ژیمناستیک	
Eyelashes	*Može*	مُژه	
Withered	*pažmorde*	پَژمُرده	
Dragon	*eždehâ*	اِژدها	
Parade	*reže*	رِژه	
Massage	*mâsâž*	ماساژ	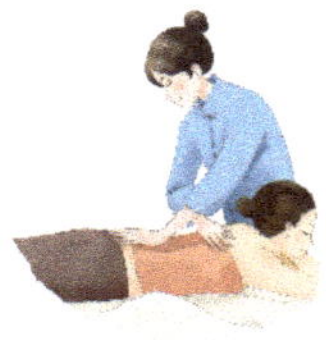
Shopping Center, mall	*pâsâž*	پاساژ	

خوا مثل خواندن

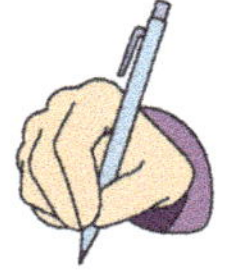

خوا خوا

خواندَن خواندَن

خواب خواب

خواهَر خواهَر

اُستُخوان اُستُخوان

خواهِش خواهِش

Teacher Notes:

توضیحات آموزگار:

زبان فارسی کلمه‌هایی مانندِ خواهر، خواندن، خواهش، خوابیدن وجود دارند که در آنها نشانه "و" هیچ صدایی ندارد. یعنیَ نوشته می‌شود اما خوانده نمی‌شود.

In Farsi, there are words such as خواهر، خواندن، خواهش، خوابیدن in which the sign « و » has no sound. « و » is written but not pronounce.

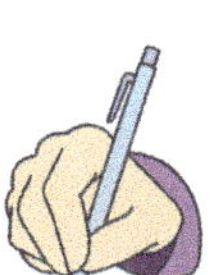

کلمات را بخوان، بخش کن و حرف‌هایش را در جدول بنویس.

Read the words and split them into syllables as well as individual letters and write them in the tables.

خواستِگار							
خواسـ			تـِ		گار		
خ	ا	س	تـ	ـِ	گ	ا	ر

خوانَنده						

اُستُخوان						

خوابیدَن						

آموزش اعداد ....

200 را به فارسی بنویسید ۲۰۰ دِویست

220 را به فارسی بنویسید ______ ____________

230 را به فارسی بنویسید ______ ____________

به تصاویر نگاه کن و دور آنهایی را که «خوا» در نام خود دارند با مداد قرمز دایره بکش. دور آنهایی را که «خا» در نام خود دارند با مداد آبی دایره بکش.

Look at the pictures and, using a red pencil, circle the ones containing "خوا". and circle the ones containing "خا" with a blue pencil.

Steam

برای هر کدام از کلمات زیر یک جمله بنویس.

Write a sentence for each of the words below.

خواهِش ______

گیاهخوار ______

خوابیدَن ______

اُستُخوان ______

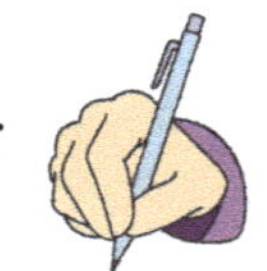

کلمه‌ی مناسب را در جاهای خالی بنویس و جمله‌ها را کامل کن.

Write the appropriate words in the blank spaces and complete the sentences.

می‌خواندند، خواهد، می‌خواست، اُستُخوان

آنها تَرانه های بِسیار زیبایی ______.

آن سَگ روی ______ خوابیده بود.

او دَر سینما یِک فیلم هَیجان اَنگیز ______ دید.

مادَرَم ______ به پارک بِرَوَد و دوچَرخه سَواری کُنَد.

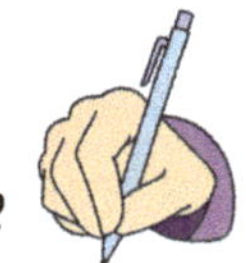

به تصویر دقت کن و سه جمله با **خوا** بنویس.

Look at the pictures and write three sentences about it that include "خوا".

۱- ....

....

۲- ....

....

با انتخاب یکی از کلمات داخل کمانک جمله‌ها را کامل کن.

Choose the appropriate word from inside the parentheses and complete the sentences.

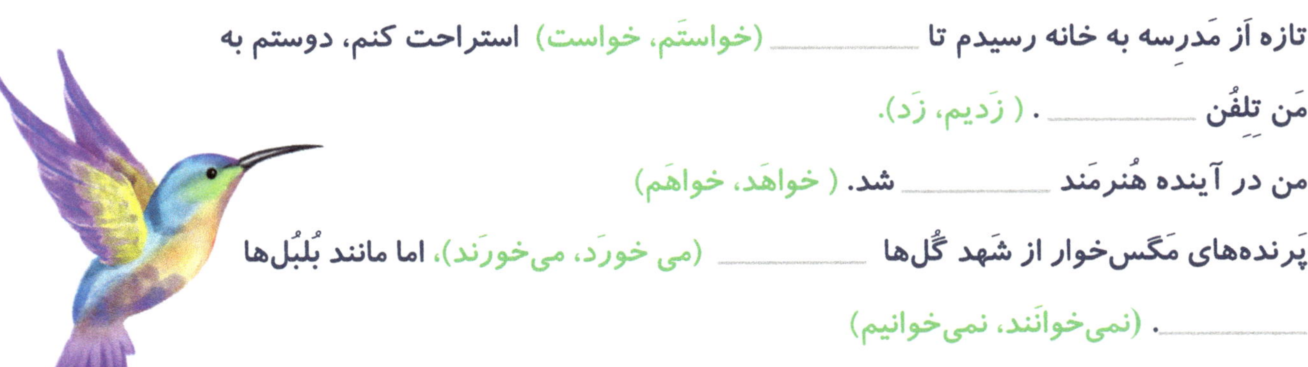

تازه اَز مَدرِسه به خانه رسیدم تا ______ (خواستَم، خواست) استراحت کنم، دوستم به مَن تِلِفُن ______. (زَدیم، زَد).

من در آینده هُنرمَند ______ شد. (خواهَد، خواهَم)

پَرنده‌های مَگس‌خوار از شَهد گُل‌ها ______ (می خورَد، می‌خورَند)، اما مانند بُلبُل‌ها ______. (نمی‌خوانَند، نمی‌خوانیم)

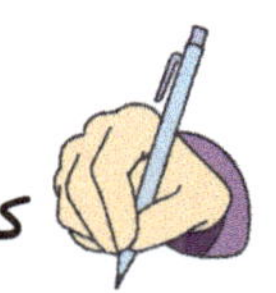

کلمات زیر را با خوا کامل کن و بخوان.

Complete the words below and say them loud.

___ بید	می ___ هَد
کِتاب ___ نی	___ ستَم

نوشته‌ی زیر را بلند بخوان .

Read the following text.

وقتی مَن می‌خواهم بِخوابَم از خواهَرم خواهِش می‌کنم که بَرایَم لالایی بِخواند.

او لالایی دِلخواه مَن را بَلَد است و هَر شَب کِنارِ تَختِ خوابَم بَرای مَن لالایی می‌خوانَد.

مَن شَب‌ها زود می‌خوابَم و قَبل از خواب مِسواک می‌زَنم.

خواهَر مَن آزاده نام دارَد.

او سَگی دارَد که زیاد می‌خوابَد.خواهَرم گاهی به سَگَش استخوان می‌دهد.

من درباره‌ی سَگ‌ها کِتاب‌های زیادی می‌خوانَم تا بِدانم با او چِگونه رَفتار کُنم.

آزاده می‌خواهَد یِک گُربه‌ی کوچَک بیاوَرَد که با سَگَش بازی کُند.

در جملات بالا همه‌ی کلمه‌هایی که «خوا» دارند را در جای خالی زیر بنویس.

______ ______ ______ ______ ______

______ ______ ______ ______ ______

دیکته :

Spelling Test:

Friend of the Alphabet

یار اَلفبا

کلمات زیر را بخوان، بنویس و به انگلیسی ترجمه کن.

Friend of the Alphabet: Read and write the following words, then translate them into English.

خواهش - بَدخواه - گوشتخوار - خواننده - خواربار - خواب - خواندنی

چهار کلمه از کلمات بالا را انتخاب کن و برایش جمله بساز.

Choose four words from the ones above and make a sentence for it.

برای دسترسی به مطالب بیشتر و روخوانی کلمات به این صفحه مراجعه کنید. (QR کد را اسکن کنید)

To access more content and pronunciation, refer to this page. (Scan the QR code)

New Words:

کلمات جدید:

Request	*khâhesh*	خواهِش	
Groceries	*khârbâr*	خواربار	
Sleep	*Khâb*	خواب	
Bedding	*rakhtekhâb*	رَختِخواب	
Singer	*Khânande*	خوانَنده	
Bone	*ostokhân*	اُستُخوان	

تاریخ: __/__/____

گزارش آموزگار:

نظر خانواده:

ـّـ مثل نجّار

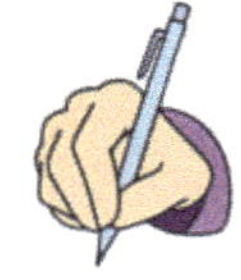

ـّـ ـّـ

اَرِّه اَرِّه

اَوَّل اَوَّل

نَقّاش نَقّاش

مُرَبّی مُرَبّی

تَوَلُّد تَوَلُّد

Teacher Notes:

توضیحات آموزگار:

نشانه تشدید «ـّ» وقتی به کار می‌رود که ما دو حرف یکسان کنار هم داشته باشیم که اولی بی صدا و دوّم صدا دار باشد. حرف اوّل را حذف کرده و بالای حرف دوّم نشانه تشدید «ـّ» را برای نشان دادن تأکید روی آن حرف می گذاریم.

مانند: تَشَکّر که در اصل تَشککُر است. ک اوّل حذف و روی ک دوّم «ـّ» قرار می‌دهیم و روی حرف ک در فشار وارد می کنیم.

The sign «ـّ» is used when we have two identical letters next to each other and the first one with no sound and the second has the sound. We remove the first letter and put the sign «ـّ» above the second letter to show the emphasis on that letter.

Example: تَشَکّر which is basically تَشککُر. We remove the second ق and put «ـّ» on the first letter ق and put pressure on the letter.

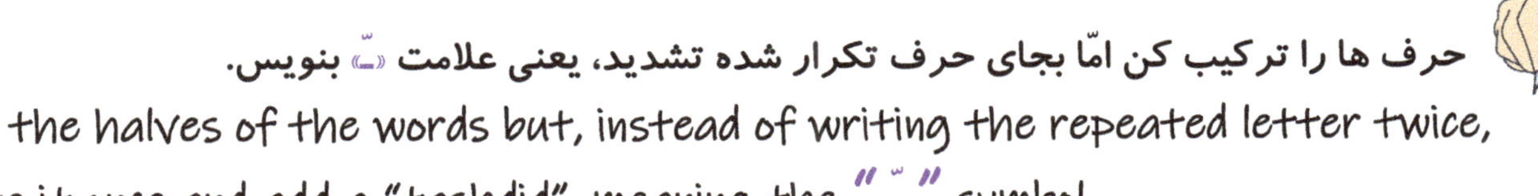

حرف ها را ترکیب کن امّا بجای حرف تکرار شده تشدید، یعنی علامت «ـّ» بنویس.

Join the halves of the words but, instead of writing the repeated letter twice, write it once and add a "tashdid", meaning the "ـّ" symbol.

اَر + ره = ____________

قُلـ + له = ____________

مُرَبـ + با = ____________

قُلـ + لَک = ____________

پِلـ + له = ____________

بَچـ + چه = ____________

نام هر کدام از شغل‌ها را که در تصاویر زیر می‌بینی را در جای خالی بنویس و برای هرکدام یک جمله بنویس.

Write the names of each of the professions in the correct spot and write a sentence for each word.

	بَ _ _ _ _	
	نَ _ _ _ _	
	قَ _ _ _ _	
	نَ _ _ _ _	
	بَ _ _ _ _	
	کَ _ _ _ _	

به کلمه‌ها نگاه کن و نشانه «ـّ» را در جای مناسب بنویس.

Look at the words and write the "ـّ" over the correct letter.

تَپه – قُلاب – بَراق – مُرَبا – رَدِ پا

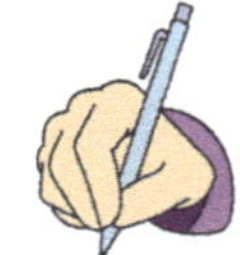

Syllables Practice:

جدول‌ها را کامل کن.

Complete the tables.

بَچّه				

تَشَکُّر							

کلمه‌ها را مرتب کن و جمله بساز.

Put the words in the correct order to make a sentence.

دوستَم - بَرای - گِرِفت - خواهَرَش - تَوَلُّد - جَشن

دوست - سارا - مُرَتّب - باشَد - اُتاقَش - دارَد

می‌کُنَد - سَمّی - مادّه‌ی - او - با - یک - آزمایِش

مُرَبّی - می‌کُنَد - را - فوتبال - راهنَمایی - بَچّه‌ها

بخوان و علامت های مناسب («ـَ ـِ ـُ ـّ») را بنویس.

Read the text and put the correct symbols appropriate letters.

من امروز اول وقت از خواب بلند شدم زیرا تولد مادرم بود و می‌خواستم با پدرم به قنادی بروم تا برای او کیک بگیریم اما جاده راه بندان بود و ما به خانه برگشتیم. وقتی که رسیدیم، متوجه شدم که خانه به هم ریخته است و آنجا را مرتب کردم. قبل از این که مامان از سر کار بیاید، برایش یک زرافه زیبا نقاشی کردم و در پایین ورق نقاشی نوشتم.

"تولدت مبارک مامان"

Reading: روخوانی:

نامِ مَن ثُریّا اَست و دَر کِشوَر کانادا، شَهر وَنکوور زِندگی می‌کُنَم.

مَن دَر آموزشگاهِ زبان فارسی دَر کِلاس اوّل درسِ فارسی می‌خوانَم.

دَر این آموزِشگاه به کِلاس نَقّاشی هَم می‌رَوَم.

بَچّه‌های زیادی بَرای یاد گرفتن زَبان فارسی و فرهنگ و هُنر ایرانی به این آموزشگاه می‌آیند.

دیروز تولّد پریا یکی از هَمکلاسی‌هایم بود.

آموزگارمان دَه دَقیقه‌یِ آخر کِلاس فارسی با آهنگ تَولّدَت مبارک، یک کیک تَولّد به کلاس آورد.

مُربّی هُنر نیز با هدیّه‌ای لَبخَند به لَب وارد کِلاس شُد. کادوی تولّد پریا یِک قُلّک بود.

وقتی پریا به کُمکِ خانمِ نازی، آموزگارِ زبانِ فارسی، کیک را با دِقّت بُرید، ما هَمگی برای او دَست زَدیم.

مَن یِک تکّه کیک خوشمَزه خُوردم و اَز آموزگارمان تَشَکُّرکَردَم.

پَریا نیز اَز آموزگاران مِهربان تَشّکُر کَرد.

مَن اَز اینکه دَر کِشور کانادا به زَبانِ مادَری خود اَهَمیّت می‌دَهَم و دوستان فارسی زبان دارَم بسیار شاد هَستم.

در تصویر دور کلماتی که "ــّ" دارند خط بکشید.

Look at the picture and circle anything that has the letter "ــّ" with

مانند: تَولّد، عَکّاس، سِکّه، زَرّافه، مُربّا، بَچّه، تَشَکُّر.......

Friends of the Alphabet

یار آلفبا

بخوان، بنویس و به انگلیسی ترجمه کن

Read, write, and translate the following words into English.

کَلّه – خُفّاش – مُدَّت – دُوّم – سِوّم – لَکّه – مُوَفّق – مُقَوّی – مُوَقّت – جَرَقّه – اَهَمیّت – اِتّفاق

چهار کلمه از کلمات بالا را انتخاب کن و برایش جمله بساز.

Choose four words from the ones above and make a sentence for it.

New Words: کلمات جدید:

Bat	*khoffâsh*	خفّاش	
Head	*kalle*	کلّه	
Painter	*naghghâsh*	نقّاش	
Stain	*lakke*	لَکّه	
Successful	*movaffagh*	مُوَفّق	
The first	*avval*	اوّل	
Saw	*arre*	اَرّه	
Lamb	*barre*	بَرّه	
Coin	*sekke*	سِکّه	
Shoemaker	*kaffâsh*	کَفّاش	

Fabric Seller/Mercer	*bazzâz*	بَزّاز	
Builder	*Bannâ*	بَنّا	
Carpenter	*najjâr*	نَجّار	
Pastry maker, Confectionery	*ghannâd*	قَنّاد	

آموزش اعداد:

این اعداد را به فارسی بنویس و بخوان:

Write numbers in Farsi numbers and read out loud:

	700	۷۰۰	300
	800		400
	900		500
	1000		600

برای دسترسی به مطالب بیشتر و روخوانی کلمات به این صفحه مراجعه کنید. (QR کد را اسکن کنید)

To access more content and pronunciation, refer to this page. (Scan the QR code)

Spelling Test: **دیکته:**

تاریخ: ــ /ــ /ــــ

گزارش آموزگار:

نظر خانواده:

ص مِثل صَندَلی

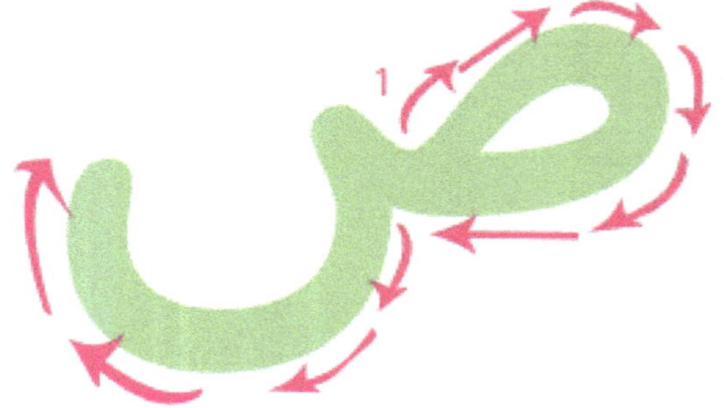
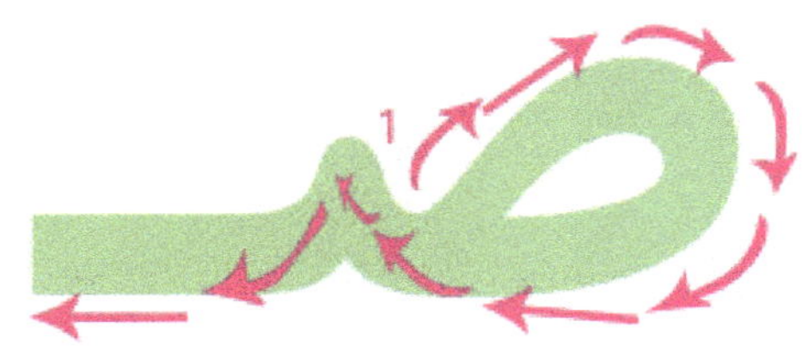
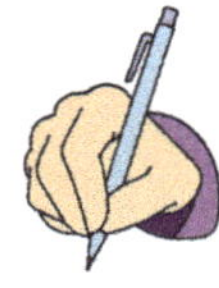

صـ صـ

ص ص

صورَت صورَت

سیصَد سیصَد

قُرص قُرص

صَندوق صَندوق

Teacher Notes:

توضیحات آموزگار:

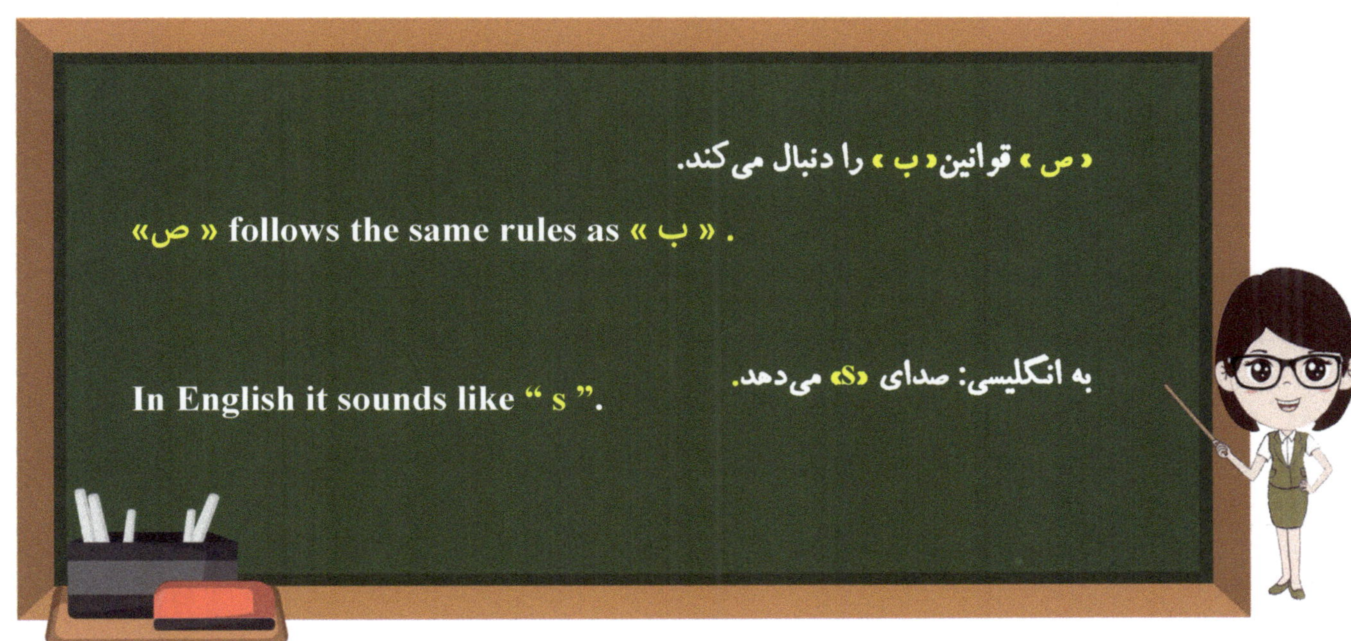

«ص» قوانین «ب» را دنبال می‌کند.
«ص» follows the same rules as «ب».
به انگلیسی: صدای «s» می‌دهد.
In English it sounds like "s".

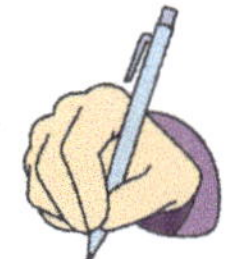

کلمات را کامل کن و به تصویر مناسب وصل کن.

Complete the words and connect the pictures to their names.

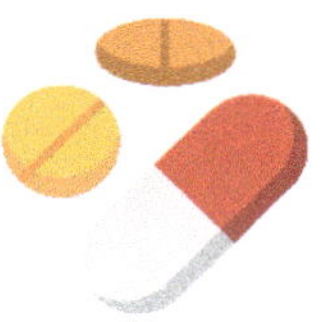

SOAP

Half

صَـــ   قُرـــ   ـــندَلی   قَـــر   نِـــف   ـــابون

کلمه‌ی مناسب را از داخل کمانک انتخاب کن و جمله‌ها را کامل کن.

Select the correct word within the parentheses to complete the sentences.

دَر فَصل زَمستان هَوا ________________ اَست. (سَرد / گَرم)

هَرکَس باید مِسواک مَخصوص به خود ________________ . (داشته باشَم / داشته باشَد)

مانا هَر روز دَست وَ صورَت خود را با آب و صابون ________________ . (می‌شوید / می‌شویَند)

به کلمه‌ها نگاه کن و هر کدام را زیر کلمه‌ی مربوط به خود در جدول بنویس.

Look at the words and write each one in the correct column in the table.

اَبرو، داستان، آواز، کِتاب، بَم، بُلَند، گونه، اَفسانه، چانه، خوانَنده، شَخصیَت، چِهره، بینی

صورت	صِدا	قِصّه

بخوان و بنویس.

Read the following text and copy it out in the space next to it.

مَن صَندَلی‌اَم را تا لَب دَریا بُردَم.

آن صَندَلی مَخصوص مَن اَست.

مَن و خواهَر کوچَکَم با ماسّه‌ها و سَنگ‌های ریز صورَتی بازی کَردیم.

ما یِک قَصر شِنی با شُکوه ساختیم.

خواهَرَم کِنار آب راه می‌رَفت و صَدَف‌ها را بَر می‌داشت.

برای هر تصویر یک جمله بنویس.

Write a sentence for each of the pictures.

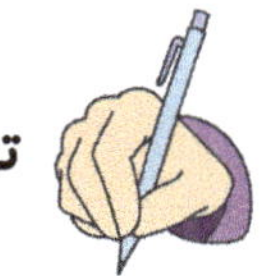

ترکیب کن و کلمه بساز.

Join the letters and write the word that is formed.

صا + ف : ______

صَ + خره: ______

صو + رت: ______

صِ + نوبَر: ______

قُر + ص : ______

Spruce

به جمله‌ی اول توجه کن و مانند آن جمله های دیگر را کامل کن.

Look closely at the first sentence and use it as a template to complete the sentences after it.

تُو با آهَنگ تُرکی رَقصیدَی.

مَن ______

او ______

ما ______

شُما ______

آنها ______

تمرین بخش‌کشی:

Syllables Practice:

جدول‌ها را کامل کن.

Complete the tables.

مَخصوص					

صورَت				

روخوانی:

Reading:

صَدف و صَبا دوستان صَمیمی هَستند.

صَدف رَقص دَرس می‌دَهَد و صَبا دُختری وَرزِشکار است.

آنان در فَصل تابِستان می‌خواهند به کشور مِصر سَفر کُنند.

صَبا اِصرار دارد که این فاصِله را با کِشتی کُروز سَفر کُند.

صَدف برای این سَفر به بازار رَفته و چَمدانِ مَخصوص خریده اَست.

صَبا خواهر دو قُلوی صابِر اَست، صُورت آنها شبیه هَم است.

صابِر نویسنده‌ی مَشهوری اَست.

او تا کنون قِصّه‌های زیبایی نوشته اَست.

صابر به آنان توصیه کَرده اَست که دَر سَفر به مِصر گُزارش سَفرشان را بِنویسَند.

آنان تَصمیم گِرفته‌اند که ماجرای سَفَرشان را بصورت کِتاب چاپ کُنند.

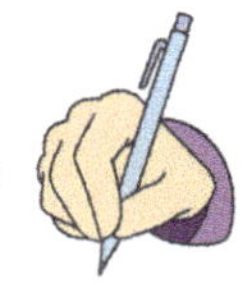

در تصویر دور کلماتی که " ص " دارند خط بکشید.

Look at the picture and circle anything that has the letter " ص " with

مانند: صَندلی، قَصر، صورتی، صَدَف، صَخره، قِصّه، .....

برای تصویر بالا دو جمله بنویس.

Write two sentences for the above picture.

برای دسترسی به مطالب بیشتر و روخوانی کلمات به این صفحه مراجعه کنید. (QRکد را اسکن کنید)

To access more content and pronunciation, refer to this page. (Scan the QR code)

Friend of the Alphabet

یار اَلفبا

کلمات زیر را بخوان، بنویس و به انگلیسی ترجمه کن.

Friend of the Alphabet: Read and write the following words, then translate them into English.

خاص - صَد - فَصل - صاف - قَصّاب - اِصرار - تَصویر - ناقِص - تَقصیر - صَمیمی - صِداقَت - مَصرَف

چهار کلمه از کلمات بالا را انتخاب کن و برایش جمله بساز.

Choose four words from the ones above and make a sentence for it.

آموزش اعداد:

این اعداد را مانند نمونه به فارسی بنویس و بخوان:

Write numbers in Farsi and read out loud:

۳۰۰	هفتصد	۷۰۰	
۴۰۰		۸۰۰	
۵۰۰		۹۰۰	
۶۰۰		۱۰۰۰	

New Words: کلمات جدید:

Pink	*soratee*	صورتی	
Lightening	*sâeghe*	صاعِقه	
Morning	*sobh*	صُبح	GOOD MORNING
Rock	*sakhre*	صَخره	
Zero	*sefr*	صِفر	0
Cash Dest, Chest box	*sandoogh*	صندوق	
Huter	*sayâd*	صَیّاد	
Intiamte, Close	*sameemee*	صَمیمی	
Bill	*soorat hesâb*	صورَتحِساب	
Hundreds	*sad*	صَد	100
Voice	*sedâ*	صِدا	

Spelling Test:

تاریخ: __ /__ /____

گزارش آموزگار:

نظر خانواده:

ذ مثل ذُرَت

ذ ذ

ذِهن ذِهن

ذوق ذوق

ذَرّه‌بین ذَرّه‌بین

لَذیذ لَذیذ

کاغَذ کاغَذ

Teacher Notes:

یادداشت آموزگار:

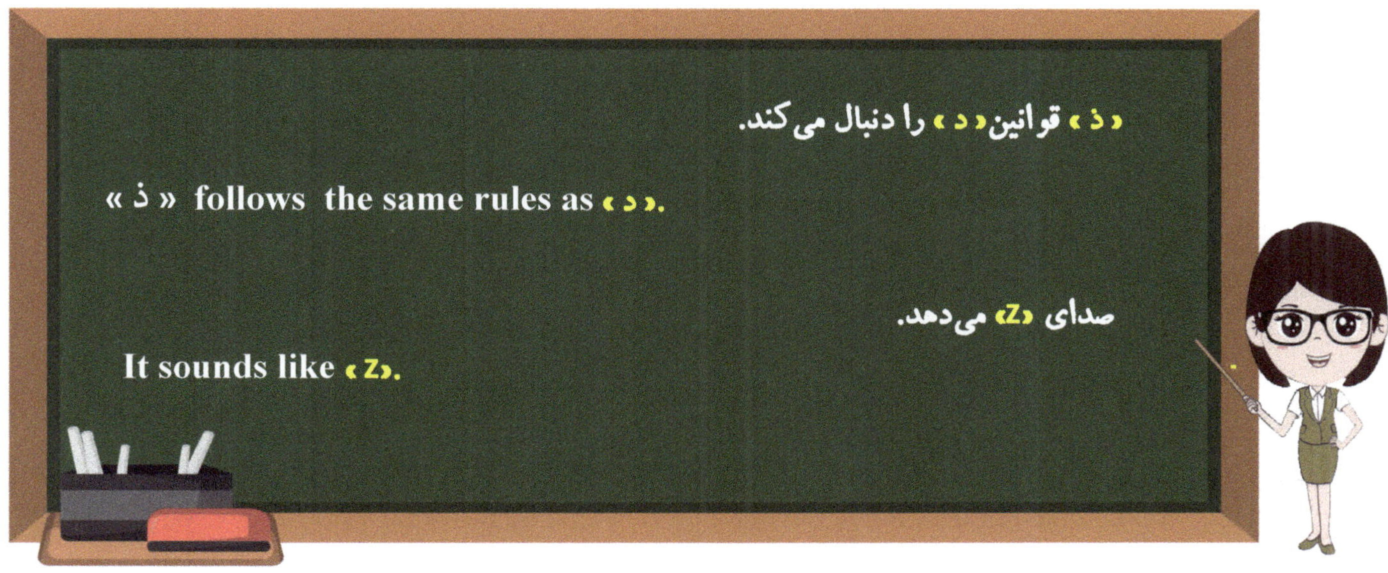
«ذ» قوانین «د» را دنبال می‌کند.
« ذ » follows the same rules as «د».
صدای «z» می‌دهد.
It sounds like «z».

به جمله‌های زیر نگاه کن و کلماتی که «ذ» یا «ز» دارند را در جای مناسب در جدول بنویس.

Read the sentences below and write the words containing "ذ" or "ز" in the correct column.

دیروز جَشن سِپَندارمَذگان* بود.

دیشَب دوستم، آذر در خانه‌ی خود جَشن گرفته بود و از ما پَذیرایی کَرد.

اِمروز هوا خوب اَست و باد دلپَذیری می وَزَد.

ما می‌خواهیم به گردِش بِرویم و ذُرَّت کَباب شُده بِخوریم.

فَرناز خواهرم می‌گوید: "زمستان اِمسال سوز و سَرما نیست."

ما باید از این هوای خوب و محیط سرسبز لِذت ببریم.

ز	ذ

به تصاویر توجه کن و دور آنهایی را که نامشان حرف «ذ» دارند دایره بکش.

Pay attention to the pictures and circle the ones with a name that contain "ذ" the letter.

ذَرّه‌بین، زَرّافه، ذُرَّت، زنبور، تَرازو، پَذیرایی

با انتخاب یکی از کلمات داخل کمانک جمله ها را کامل کن.

Choose the appropriate word from inside the parentheses and complete the sentences

آذین چَترَش را داخِل کلاس جا (گُذَشته / گُذاشت).

او از کِنار رودخانه (می‌گُذَشت / می‌گُذارَد).

مَن، به دَلیل وَقت کَم، نمی‌توانم این کار را (بِپَذیرَم / پَذیرایی).

ما از کِتابِ داستانِ زیباترین پرنده (لِذّت بُرد / لِذّت بُردیم).

منوچِهر ازآموزگارش برای دیر رسیدن (مَعذِرت خواهی کَرد / مَعذِرت خواهی کَردیم).

هر کلمه را به کلمه‌ی مخالفش وصل کن.

Connect each word to its antonym, or opposite.

گُذَشته	گِران
زیبا	بَرداشتَن
گِذاشتَن	آیَنده
اَرزان	نَگذشت
گذشت	زِشت

حروف را به هم وصل کن و کلمه‌ی کامل را مقابلش بنویس.

Join the letters and/or symbols together and write the complete word in the space next to it.

گـ + ـُ + ذ + ـَ + ر: ______________________

ذ + و + ق: ______________________

آ + ذ + و + ق + ه: ______________________

ا + ـَ + ذ + یـ + ـّـ + ت: ______________________

ذ + ـَ + خـ + یـ + ر + ه : ______________________

پ + ـَ + ذ + یـ + ر + ا + یـ + ی : ______________________

جمله بساز و هر دو کلمه را به کار ببر.

Write a sentence that includes both of the given words.

تَذَکُّر، آموزِگار: ______________________

ذَخیره، زمستان: ______________________

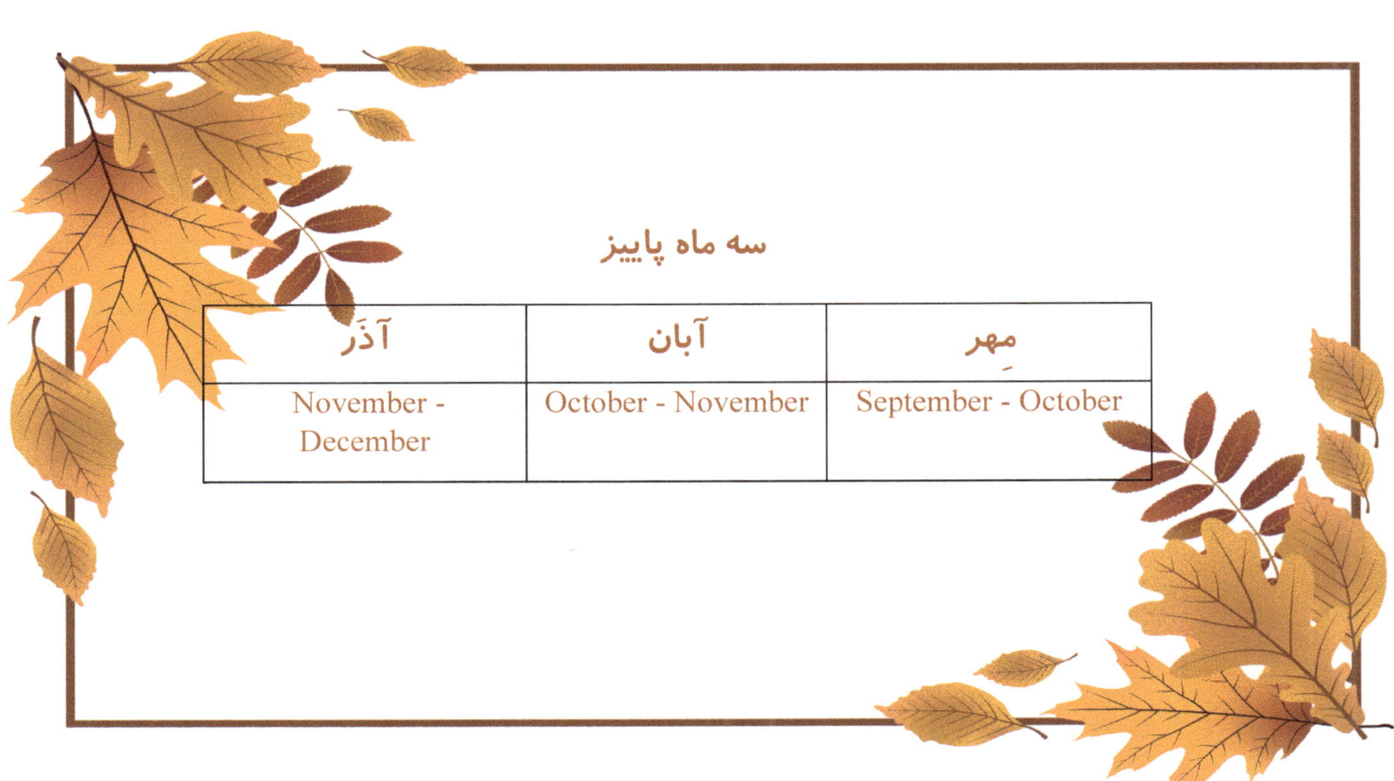

سه ماه پاییز

آذَر	آبان	مِهر
November - December	October - November	September - October

Syllables Practice: تمرین بخش‌کِشی:

Complete the tables. جدول‌ها را کامل کن.

گُذَشته						

دلپَذیر							

آذَربایجان									

پَذیرِش						

Reading: روخوانی:

دَر کشور ایران سی و یک اُستان وُجود دارَد.

یکی اَز اُستان‌های ایران، اُستان آذَربایِجان شَرقی اَست که مَرکَزِ آن شَهر زیبای تَبریز اَست.

آذر با خانِواده‌اش دَر شَهر تَبریز زِندگی می‌کُند.

زَبان مادَری او زَبان تُرکی اَست.

او زَبان تُرکی و فارسی را بَلَد اَست و چون با هَر دو زَبان بخوبی سُخَن می‌گوید دوستان زیادی دارَد.

آذَر دَست‌پُخت خوبی دارَد و کوفته تَبریزی لَذیذی دُرُست می‌کُند.

آذین دُختر آذر اَز خُوردن خُوراکی‌های خوشمَزه‌ی مادَرش لذّت می‌بَرَد.

هَفته‌ی گُذَشته آذین با پِدَر و مادَرش، آذَر و جَمشید سَفَر دلپَذیری به شَهر مَرَند داشتند.

آنها دَر سوّمین ماه فصل پاییز به این سَفَر رَفتَند.

آذین برای اوّلین بار، نان خوشمزه‌ایی که با آرد ذُرَت پُخته شُده بود را در یک خانه روستایی خورد.

آذَر، مادَر آذین، هنگام بازگَشت اَز سَفَر گُفت: "مَردُم مَرَند نیز مانندِ هَمه ایرانیان اَز میهمانان خود به خوبی پَذیرایی می‌کُنَند."

در تصویر دور کلماتی که " ذ " دارند خط بکشید.

Look at the picture and circle anything that has the letter " ذ ".

مانند: ذوزَنقه، کاغَذ، مذاب، ذرّه بین، عینک ذرّه‌بینی، ذرّه، ....

بقیه جملات را مانند نمونه کامل کنید

Complete the sentences as in the example:

مَن اَز کِنار استَخر گُذَشتَم	ما از کنار استَخر _________
تو از کِنار استَخر _________	شما از کنار استَخر _________
او اَز کِنار استَخر _________	آنها از کنار استَخر _________

هر کلمه را به نشانه خود وصل کن و یکبار بنویس.

Connect each word to the related letter.

دِلپَذیر آموزگار نَماز لَذیذ گُذَشته نوازِش

Friend of the Alphabet

یار اَلفبا

بخوان، بنویس و به انگلیسی ترجمه کن.

Read, write, and translate the following words into English.

ذوق - -آذَر - گُذَرگاه - گُذشته - دِلپذیر - لذیذ - ذُرّت - عُذرخواهی - بَذر - پَذیرش

چهار کلمه از کلمات بالا را انتخاب کن و برایش جمله بساز.

Choose four words from the ones above and make a sentence for it.

برای دسترسی به مطالب بیشتر و روخوانی کلمات به این صفحه مراجعه کنید. (QR کد را اسکن کنید)

To access more content and pronunciation, refer to this page. (Scan the QR code)

Spelling Test:

دیکته:

تاریخ: __ /__ /____

گزارش آموزگار:

نظر خانواده:

New Words: کلمات جدید:

Magnifier	*zarrebeen*	ذَرّه‌بین	
Trapezoid	*zozanaghe*	ذوزَنَقه	Trapezium
Store, Saved	*zakheere*	ذَخیره	
Molten, Lava	*mozâb*	مُذاب	
Mind	*zehn*	ذِهن	
Food	*ghazâ*	غَذا	
Past	*gozashte*	گُذَشته	THE PAST
Given name for a girl, Last month of fall	*âzar*	آذَر	
Tonderbolt	*âzarakhsh*	آذَرَخش	
Pleasure	*lezzat*	لِذَّت	
Delet, Elemenat	*hazf*	حَذف	

ع مثل عَقرَب

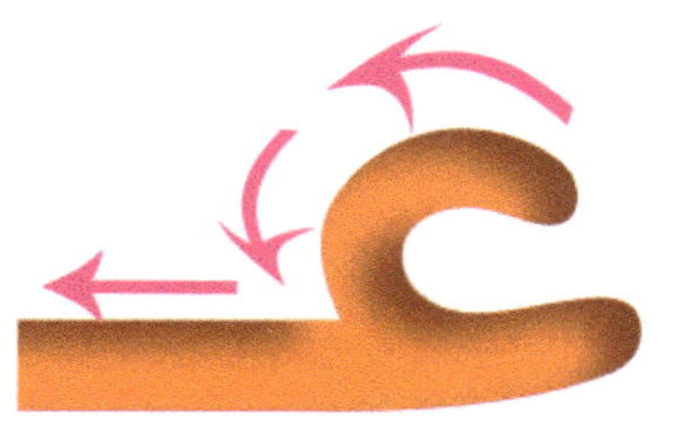

عـ عـ

ـعـ ـعـ

ع ع

ع ع

عَرَق عَرَق

عارِف عارف

توضیحات آموزگار:

Teacher Notes:

نشانه " ع " چهار شکل دارد و در زبان فارسی به کمک مصوت های ـَ ـِ ـُ و آ ، او ،ای که بعد از آن می‌آید خوانده می‌شود.

The letter "ع" has four forms and it reads with the help of ـَ ـِ ـُ و آ ، او ،ای

"عـ" اول و وسط کلمه می‌آید و به حرف قبل خود نمی‌چسبد، مانند: عَزیز، مَزرَعه
همواره با مصوّتی که همراه آن می‌آید خوانده می‌شود. مانند: عُلوم

When it comes at the beginning of the word, it has the form "عـ". And it reads with sound comes with it.

«ـعـ» وسط کلمه می‌آید و از دو طرف به نشانه های قبل و بعد از خود می چسبَد و اگر پَس از آن مصوّتی نباشد صدای" عین ~ "می دهد. مانند: بَعد، تَعریف

When it comes in the middle of the word, it has the form "ـعـ". And pronounce "عین ~ " from as far back in the throat as possible, until it stops being a vowel an turns into a sort of cooing grunting.

«ـع» آخر کلمه می‌آید و به نشانه قبل از خود وصل می‌شود و به آن عین چسبان آخر می‌گوییم. مانند: جَمع
(همانطور که می بینید چون مصوّتی به همراه آن نیست صدای عین می‌دهد.)

When it comes at the end of the word and is attached to the previous letter, it has the form "ـع".

«ع» آخر کلمه می‌آید و هرگز به نشانه‌ی قبل از خود وصل نمی شو و به آن عین تنهای آخر می‌گوییم.
مانند: شُروع.

When it comes at the end of the word and is not attached to the previous letter, it has the form "ع".

به انگلیسی، صدایش مانند اول کلمه‌ی «uh» است.

In English, it sounds like the beginning sound of the word "uh".

هر تصویر را به کلمه‌ی مربوط به خود وصل کن.

Connect each picture to its name.

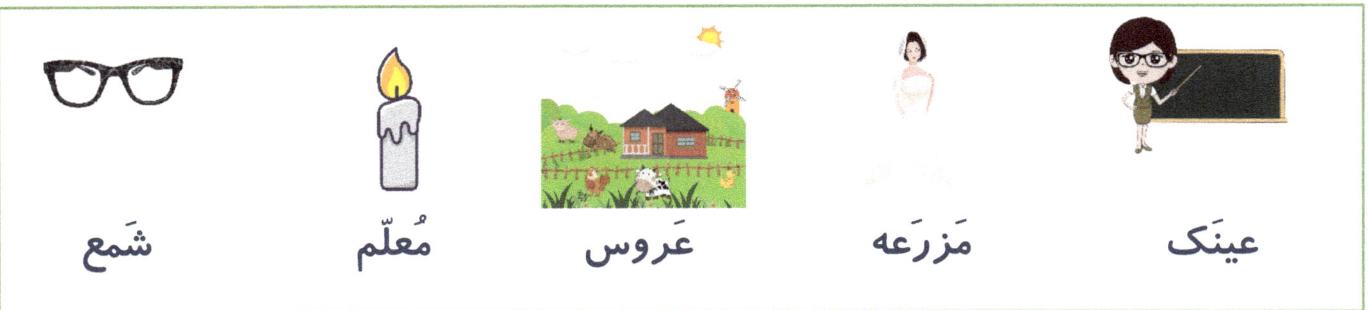

من کی یا چی هستم؟

What am I?

نام دیگر مَن جَشن نوروز اَست. مَن ________ هَستم.

مَن به دانِش‌آموزان فارسی یاد می‌دَهَم. مَن ________ هَستم.

مَن برادرِ پدر شما هَستم. مَن ________ شُما هَستم.

با مَن وقت را نشان می‌دهند . مَن ________ هَستم.

من برای راه رفتن کُمَک می‌کنم. مَن ________ هَستم.

مَن شِعر می‌نویسم. مَن ________ هَستم.

من یکی از روزهای هَفته هَستم و بعد از پنجشنبه می‌آیم. من ________ هستم.

من مخالف پایان هستم. من ________ هستم.

روی کیک تولّد گذاشته می‌شوم. من ________ هستم.

با هر تَصویر جُمله بساز.

Write a sentence about each of the picture.

honey

- - - - - - - - - - - - - - - - - - - -

- - - - - - - - - - - - - - - - - - - -

Reading

روخوانی

دَر ایران سال نو با نوروز شُروع می‌شَوَد.

جَشن نوروز اَز گُذَشته تا کُنون عید بُزرگ ایرانیان بوده اَست.

دَر مَراسم نوروز بُزُرگترها به بچّه‌ها عیدی می‌دَهَند.

عید اِمسال عَصرِ روز جُمعه بود و ما هَمگی خانه‌ی پدربُزرگم جَمع شده بودیم.

ما دَر کِنارِ سُفره‌ی هَفت سین عَکس‌های زیبایی گِرِفتیم.

عَمّه‌ی مَن، آترین نام دارَد و شاعِر اَست.

او بَرای ما یِک شِعر زیبای بَهاری خواند.

عَمّه آترین به مَن دو عَدَد کتاب وَ به بَرادَرم یِک ساعَت دَر یِک جَعبه‌ی زیبا عیدی داد.

ساعَت برادَرم دوازدَه عَدد و دو عَقربه دارَد.

مَن به دُخترِ عمّه آترین که آدلیا نام دارَد یِک عَروسَک قَشنگ عیدی دادَم.

مادَر بُزرگم برای هَمه‌ی ما شام عالی دُرُست کَرده بود.

عَمویم بَعد از شام مُوسیقی شادی گُذاشت و هَمه ما را به رَقص دَعوت کَرد.

ما تا ساعت یازدَه شَب با رَقص و شادی عید نوروز را جَشن گِرِفتیم.

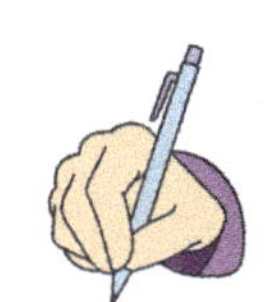

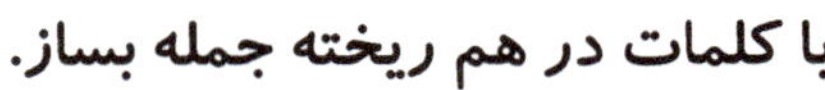

با کلمات در هم ریخته جمله بساز.

Use the disordered words to make a sentence.

مَمنوع، یِک، راهنمایی و رانَندگی، عَلامت، اَست، ورود ______________________________ .

عَجله، عَکس، با، مَن، سَعید، گرفت، از ______________________________ .

با توجه به تصویر جای خالی را کامل کن.

With help from the pictures, fill in the blank spaces.

دِفاع – شَمع - عُقاب

پِدَرَم ______ کیکِ تَولّدَش را فوت کَرد.

نَقش علی دَر بازیِ فوتبال ______ از دَروازه اَست.

______ ماهی‌های اُقیانوس را شِکار کَرد.

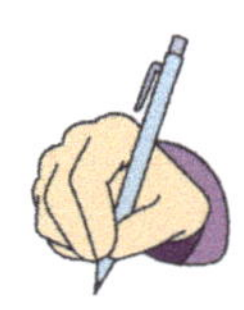

هم معنی کلمات زیر را پیدا کنید.

Find the synonyms of the following words.

آموزگار ______________

بَرادرِ پِدر ______________

سِپَس ______________

پُشت ______________

اِبتدا ______________

چهارگوش ______________

خواهرِ پِدر ______________

تَلاش ______________

جَشنِ اِزدواج ______________

خَشمگین ______________

Friend of the Alphabets

یار الفبا

کلمات زیر را بخوان، بنویس و به انگلیسی ترجمه کن.

Read and write the following words, then translate them into English.

عَقرَب – تعداد – مَصنوعی – عَلاقه – مَزرَعه – مُربّع – عالی – دَفعه – شاعِر – شَعر – عُقاب

عِلّت – عَقَب – عَصبانی – عاقِل – مَعلوم – تَعجّب – دَعوت – شُجاع – عَکس

چهار کلمه از کلمات بالا را انتخاب کن و برایش جمله بساز.

Choose four words from the ones above and make a sentence for it.

در تصویر دور کلماتی که "ع" دارند خط بکشید.

Look at the picture and circle anything that has the letter " ع".

مانند: مُعلّم، عینَک، ساعَت، عصبانی، عَقربه

برای تصویر دو جمله بنویسید:

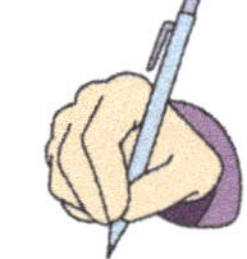

Syllables Practice:

جدول‌ها را کامل کن.

Complete the tables.

جُمعه				

عَزیز				

برای دسترسی به مطالب بیشتر و روخوانی کلمات به این صفحه مراجعه کنید. (QR کد را اسکن کنید)

To access more content and pronunciation, refer to this page. (Scan the QR code)

New Words:

کلمات جدید:

Love	*eshgh*	عِشق 
Photo	*aks*	عَکس 
Friday	*jom~eh*	جُمعه 
Castel	*ghal~e*	قَلعه 
Square	*morraba~*	مُربَّع
Sum	*jam~*	جَمع 
Brave	*shojâ~*	شجاع 
Start	*shoro~*	شُروع 
Defence	*defâ~*	دِفاع 
Cane	*asâ*	عَصا 
Eagle	*oghâb*	عُقاب 

Spelling Test: دیکته:

تاریخ: __ /__ /____

گزارش آموزگار:

نظر خانواده:

درس ۳۵

ث مِثلِ جَرثَقیل

ثـ ثـ

ث ث

اَثر اَثر

ثِروت ثِروت

کَثیف کَثیف

مُثَلّث مُثَلّث

Teacher Notes:

توضیحات آموزگار:

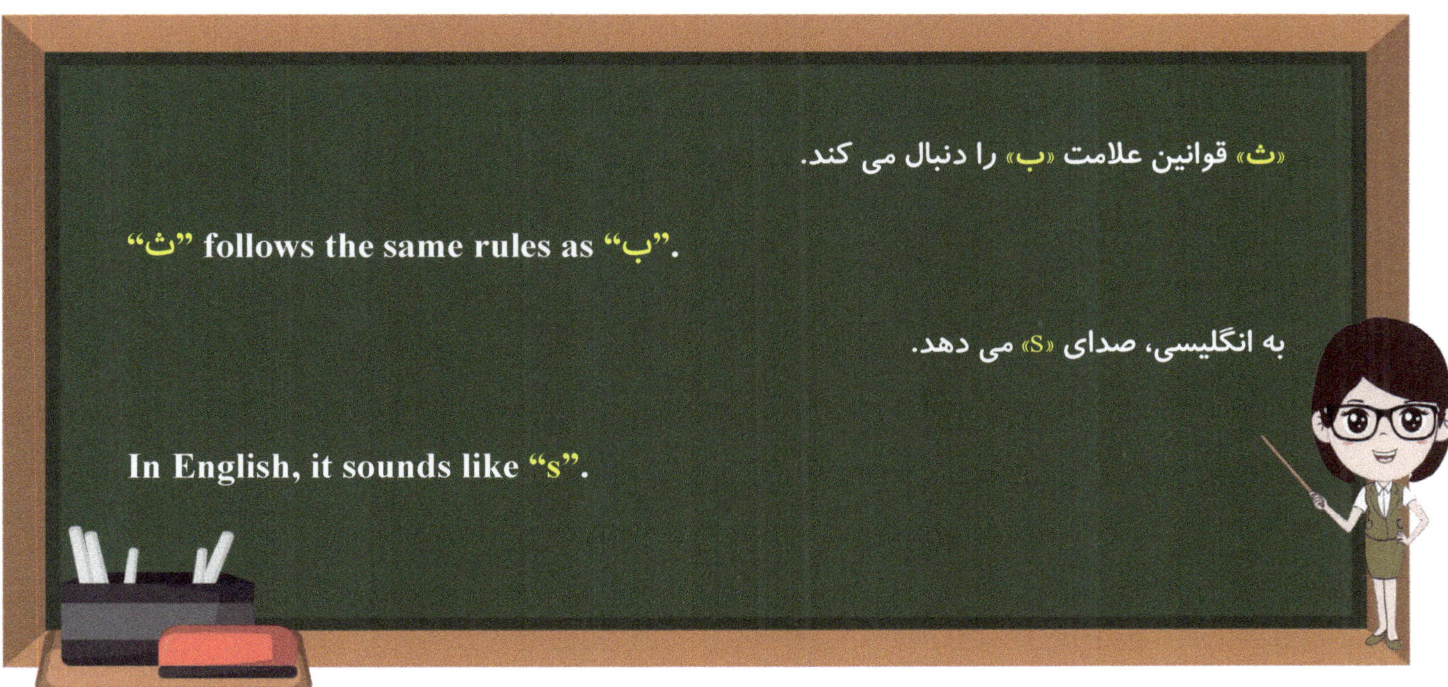
«ث» قوانین علامت «ب» را دنبال می کند.
"ث" follows the same rules as "ب".
به انگلیسی، صدای «s» می دهد.
In English, it sounds like "s".

جاهای خالی را کامل کن.

Fill in the blank spaces.

ثِروت - کَثیف - اَثر - لَثه - باعِث - ثَبت‌نام - ثانیه - ثُریّا

دَر اِداره‌یِ پُلیس اَز دُزد ________ اَنگُشت گِرفتند.

مَن در کِلاسِ آنلاین فارسی ________ کَردم.

خانُمِ دَندانپِزِشک دَندان‌ها و ________ یِ مَن را مُعاینه کرد.

________ هنگام بازی به زَمین خوردَ و لِباس‌هایش ________ شُد.

مَن ساعتِ هشت و پانزده دقیقه و سه ________ به سَمتِ ایران پَرواز کَردم.

یوگا ________ سَلامَتِ بَدن و فِکر می‌شود.

پِدَرم همیشه می‌گوید: "داشتَنِ دوستانِ خوب و صَمیمی بُزرگتَرین ________ است."

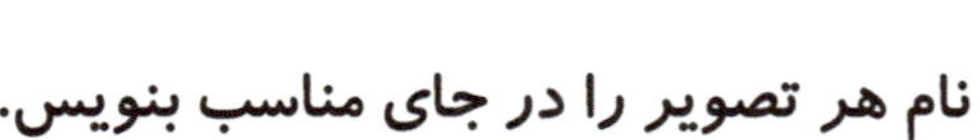
نام هر تصویر را در جای مناسب بنویس.

Write the name of each picture in the correct column in the table.

ص	ث	س

کلمات را با یکی از نشانه های «س» یا «ص» یا «ث» کامل کن.

Complete the words by writing either "س","ص", or "ث" in the blank spaces.

.....ـــورتی	تَــ...ـادف
.....ـانیه	آدامـ....
مِـ....ـــواک	مـ...ل
قُر...	چیپـ....
حاد...ــه	.....ـــندوق
مَخـــ.....ـــو....	ا....ـــباب کشی
جَر .....ـقیل	.....روتمَند

بخوان و کلماتی که حرف "ث" دارند را در زیر آن بنویس.

Read the following text and write the words contain "ث" in the space below.

ثُریّا اِمروز عَصر برای ثَبت نام دانِشگاه به ساری رَفته بود. امّا اِتّفاق بَدی اُفتاد که دَر او اَثر بَدی گذاشت. او دَر شَهر ساری تَصادُف کَرد. با اینکه ثُریّا سالم ماند، ماشین او صَدَمه جِدّی دید و او بِسیار ناراحت شده بود. کیومَرث، پِدر ثُریّا، بَعد اَز این ماجرا به او گفت که سَلامَتی مُهمترین ثِروت اِنسان است.

با نشانه‌های در هم ریخته کلمه بساز.

Write a word using the jumbled letters.

ث، اَ، ـر ------------------------

ا، ـل، مِـ، ثـ ------------------------

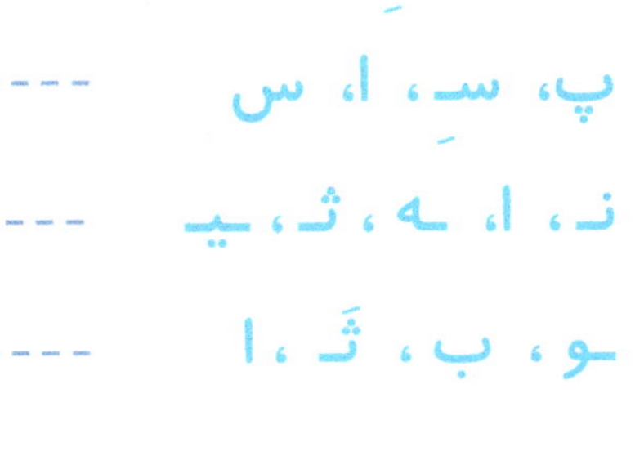

پ، سِـ، ا، س ------------------------

نـ ، ا، ـه ، ثـ ، ـیـ ------------------------

ـو ، ب ، ثَـ ، ا ------------------------

با کلمات زیر جمله بنویس.

Write a sentence using the words below.

اثاث + خانه ------------------------

باعث + بیماری ------------------------

مُثَلَث + سه‌گوش ------------------------

Reading practice: تمرین روخوانی:

امروز درسِ کلاسِ فارسی نِشانه‌ی ث بود.

آموزگار پرسید: " بچه ها ث مثل چه کَلمه‌ای است؟"

بَردیا دَندان و لَثه‌هایش را نشان داد و با خنده گُفت: "ث مِثلِ لثه‌ی من."

همکلاسی‌هایش به پاسخ او خَندیدند.

ثَمَر با ذوق و شوق گفت:" ث مِثلِ اوّل نام مَن."

خانُم مُعلّم با خوشحالی گُفت: "آفرین! بچّه ها برای دوستانتان دَست بِزنید."

و بعد روی تَخته کلاس نوشت:

ث مِثل مُثلث، آثار هنری، باعِث، و کیومرث

تفاوت علامت سوال در انگلیسی و علامت سوال در فارسی:

The difference between the question mark in English and the question mark in Farsi:

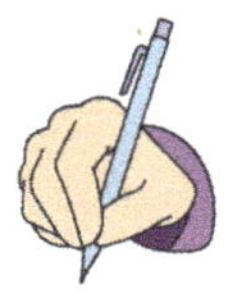

برای جملات زیر علامت مناسب بگذارید:

Mark the appropriate for the following sentences:

زمانی که عَلی از مَدرسه به خانه آمَد، مادَر داشت اُتو می‌زد ___

آیا مُثلث برمودا در اُقیانوس اَطلس است___

مُثَلّث چَند زاویه دارَد ___

ثِروتمند بودن خوب اَست اما سَلامتی اَز ثِروت مُهمتر اَست ___

Syllables Practice: تمرین بخش کِشی:

Complete the tables. جدول‌ها را کامل کن.

ثِروَتمَند										

مُثَلّث								

Friend of the Alphabets

یار الفبا

کلمات زیر را بخوان، بنویس و به انگلیسی ترجمه کن.

Read and write the following words, then translate them into English.

ثَبت‌نام، مُثَلّث، حادِثه، باعِث، مُثبَت، مِثل، ثِروتمند، اِرثیه

چهار کلمه از کلمات بالا را انتخاب کن و برایش جمله بساز.

Choose four words from the ones above and make a sentence for it.

New Words: | کلمات جدید:

Finger print	*asar angosht*	**اَثر اَنگشت**	
Gum	*laseh*	**لَثه**	
Second	*sâneeye*	**ثانیه**	
Register	*sabt*	**ثَبت**	
Wealthy, Rich	*servatmand*	**ثِروتمَند**	
Moving	*asbâb keshee*	**اَسباب‌کِشی**	
Incident,	*hâdese*	**حادِثه**	
Positive,	*mosbat*	**مُثبَت**	
Tringle	*mosallas*	**مُثَلَّث**	

Crane,	*jarsagheel*	**جَرثَقیل**	
Dirty,	*kaseef*	**کَثیف**	

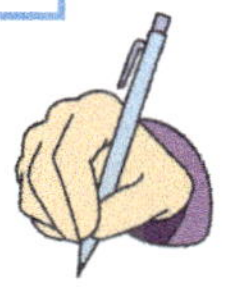

آیا کلمات زیر را می‌توانید در این تصویر تشخیص دهید

Can you find the word in this picture?

حادثه ، جرثقیل ، مثلّث، مرد ثروتمند، اَثر انگشت

Spelling Test:

دیکته:

تاریخ: __ /__ /____

گزارش آموزگار:

نظر خانواده:

برای دسترسی به مطالب بیشتر و روخوانی کلمات به این صفحه مراجعه کنید. (QR کد را اسکن کنید)

To access more content and pronunciation, refer to this page. (Scan the QR code)

درس ۳۶

ح مثل حَلَزون

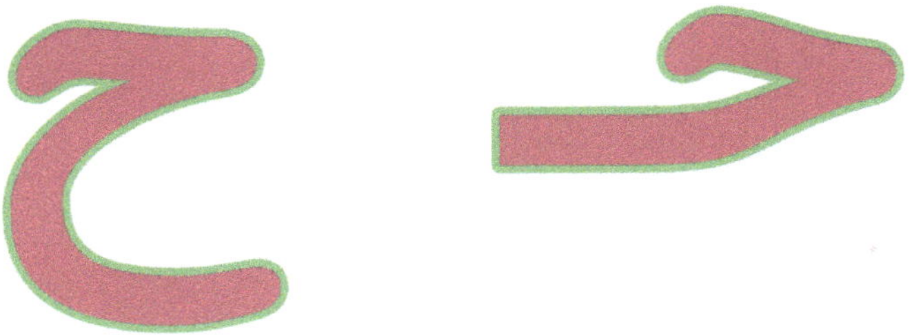
حـ ح

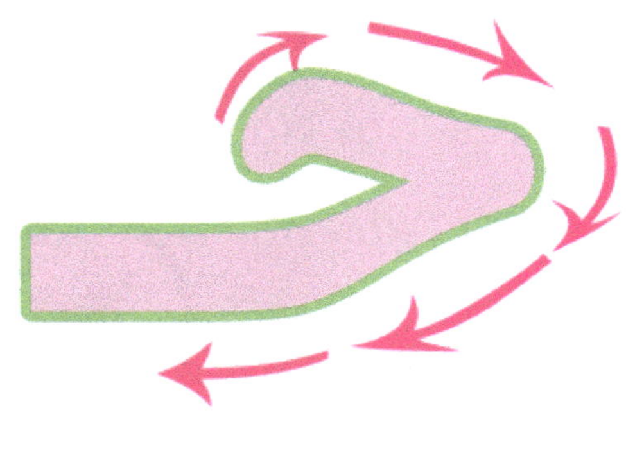

حـ حـ

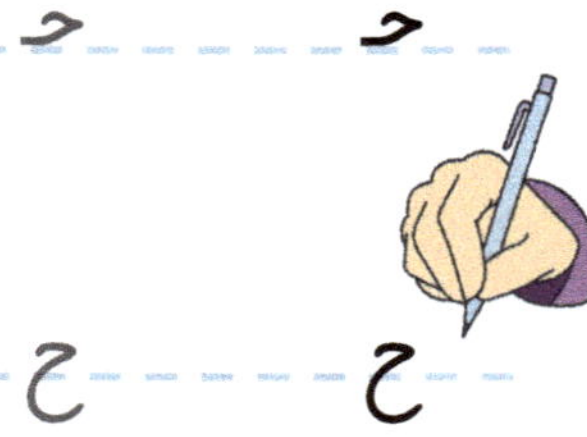

ح ح

حَساس حَساس

سَحَر سَحَر

تَفريح تَفريح

تِمساح تِمساح

Teacher Notes:

توضیحات آموزگار:

«ح» قوانین علامت «ب» را دنبال می کند.

«ح» follows the same rules as « ب » .

به انگلیسی، صدای «h» می دهد.

In English it sounds like " h ".

نام هر تصویر و حروفش را در جای مناسب بنویس.

Write the name of each picture as well as the letters and symbols it in the appropriate space.

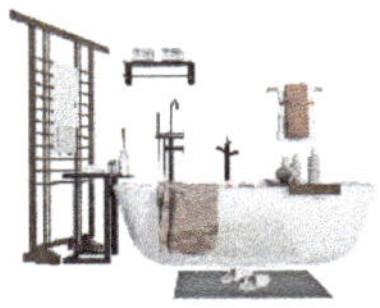

←

←

←

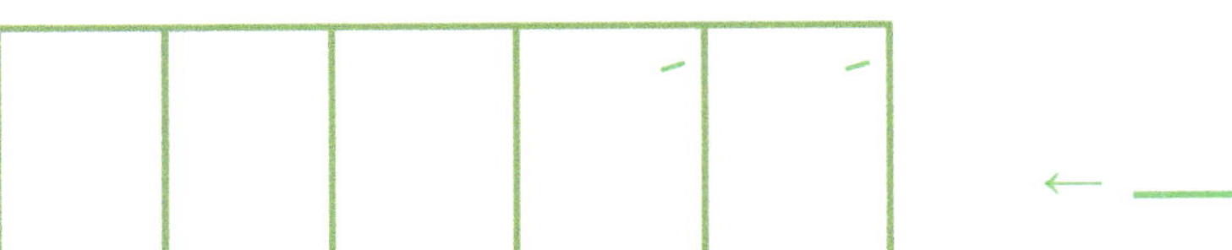

←

حروف را مرتب کن و کلمه بساز.

Put the letters in the correct order to make a word.

۱ - و، لـ ، ـه، حـ ______

۲- حِـ صـ بـ ا ،نـ ، ـه ______

۳ - ا، حـ ر، م، تِـ ، ا ______

۴ - ا، سـ ، ل ، حـ ______

۵ - حَ، مّ، م، ا ______

جاهای خالی را با کلمات زیر پر کن و جمله ها را کامل کن.

Fill in the blanks with one of the words provided to complete the sentence.

حِساب - خوشحال - وَحشَتناک - حَسّاس - حوصِله

آریانا از یِک فیلم ______ تعریف می کَرد.

پِدَر ______ و خَندان از راه رسید.

دوستانَم می تَوانَند روی مَن ______ کُنَند.

مَن ______ ی بَحث بی خود را نَدارَم.

پوست سوخته ی دَستَم خیلی ______ شُده اَست.

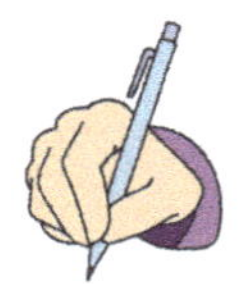

برای هر تصویر یک جمله بنویس.

Write a sentence for each of the pictures.

امتحان فارسی

حمید در حمّام

ترکیب کن و کلمه بساز.

Connect the letters and make a word.

حَـ + شَـ + ره : ________

حَـ + دیث : ________

صا + حِب : ________

حِـ + ما + یَت : ________

جمله را بخوان و ادامه بده.

Read the sentence and complete it.

حَرارَت خانه‌ی ما بیشتَر اوقات ثابَت اَست امّا ....

حِیوانات مِثل شیر و پَلَنگ وَحشی هستَند و ....

Reading Practice:

تمرینِ روخوانی:

سال گُذشته حَمید هَمراه خانِواده‌اش از کشور هُلند به ایران سَفَر کَرد.

آنها برای تَفریح و دیدَن پِدَربُزرگِ حَمید به این سَفَر رَفتَند.

در هِنگام حَرکت به سمت ایران هَمگی خوشحال بودَند.

وقتی آنان به مَنزل پِدَربُزُرگ رسیدند صُبح زود بود.

پِدَربُزُرگ با مُحَبّت زیاد به آنان خوشامد گُفت و بَرای آنان صُبحانه آماده کَرده بود.

حَمید برای اَوّلین بار حلیم خورد و اِحساس کَرد که مَزّه‌ی آن را خیلی دوست دارد.

در این سَفَر تَفریحی حِسابی به آنان خوش گذشت و بیشتر اَفراد فامیل برای دیدَن و اَحوال‌پُرسی از آنها به مَنزل پدربُزُرگ آمَدَند.

حامِد و سَحر، پِسر عمو و دُختر عَموی حمید او را برای دو روز به ساحل دریا در شمال ایران بُردند.

زَمان بازگِشت به کِشور هُلند، حمید و خانواده‌اش از پِدر بُزُرگ مِهربان برای زَحمت‌هایی که برای راحتی آنان کشیده بود تشکّر کردند.

تمرین بخش‌کِشی:

Syllables Practice:

جدول‌ها را کامل کن.

Complete the tables.

اِحساسات						

حُباب				

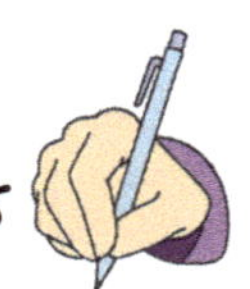

کلمات زیر را در تصویر پیدا کنید و جمله بسازید.

Find these words in this picture and make sentences.

تمساح خوش‌حال، حباب ، حوله ، حمام

Friend of The Alphabet

یار الفبا

بخوان، بنویس و به انگلیسی ترجمه کن.

Read, write, and translate the following words into English.

حِس – حُباب – حَلقه – تَفریح – حَواس – مَحصول – صَفحه – زَحمَت – حِمایَت – صُبحانه – حِکایَت – اِحتِرام

چهار کلمه از کلمات بالا را انتخاب کن و برایش جمله بساز.

Choose four words from the ones above and make a sentence for it.

گزارش آموزگار:

نظر خانواده:

New Words: کلمات جدید:

Wild	*vahshee*	وَحشی	
Desert	*sahrâ*	صَحرا	
Halva	*halvâ*	حَلوا	
Sad	*nârâhat*	ناراحَت	
Bubble	*hobâb*	حُباب	
Entertainment, Amusement	*tafreef*	تَفریح	
Ghost, Spirit	*rooh*	روح	
Wounded	*majrooh*	مَجروح	
Jesus	*maseeh*	مَسیح	
Firmly,	*mohkâm*	مُحکَم	
Breakfast	*sobhâne*	صُبحانه	

برای دسترسی به مطالب بیشتر و روخوانی کلمات به این صفحه مراجعه کنید. (QR کد را اسکن کنید)

To access more content and pronunciation, refer to this page. (Scan the QR code)

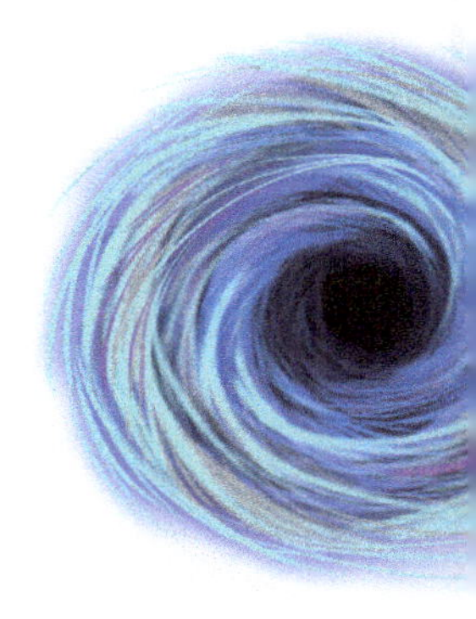

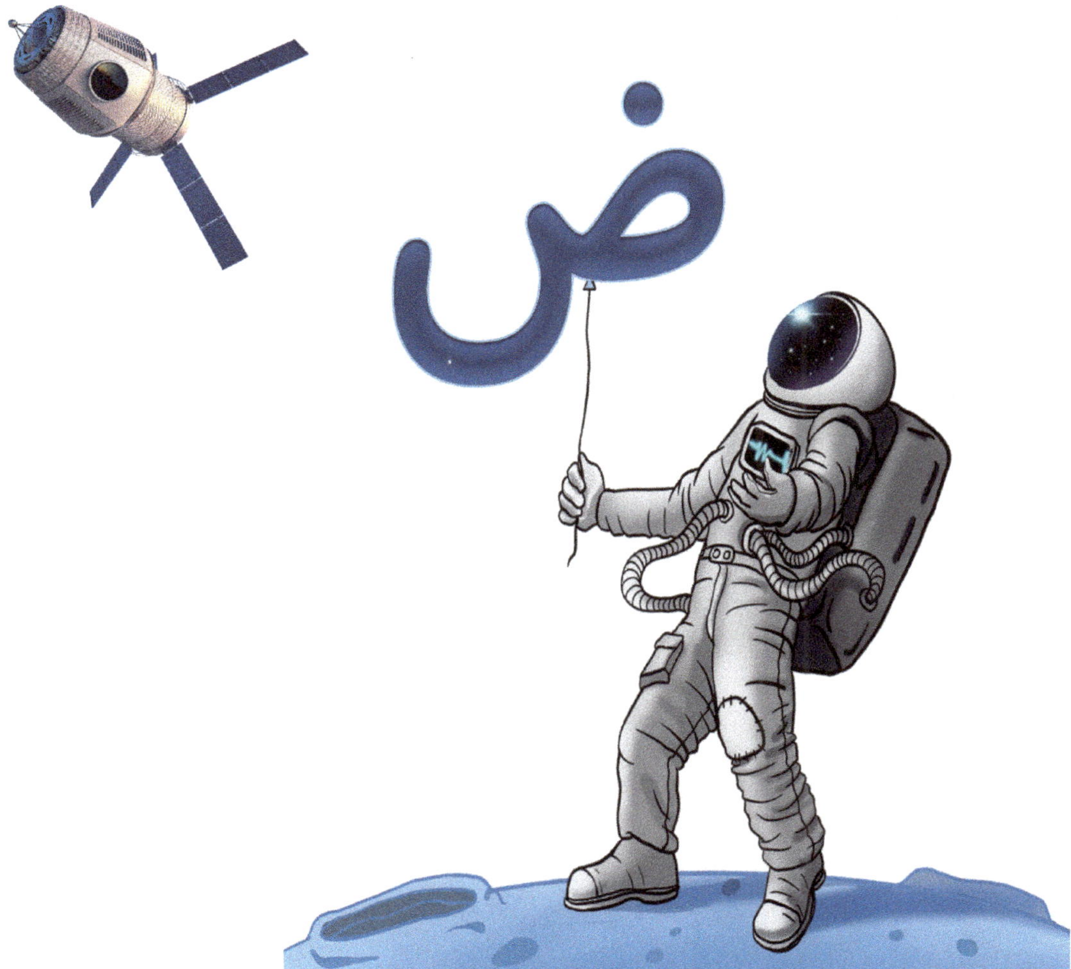

ض مثل فَضانورد

ضـ ضـ

ض ض

حوض حوض

قاضی قاضی

ضَرب ضَرب

ضَرَبان ضَرَبان

Teacher Notes:

توضیحات آموزگار:

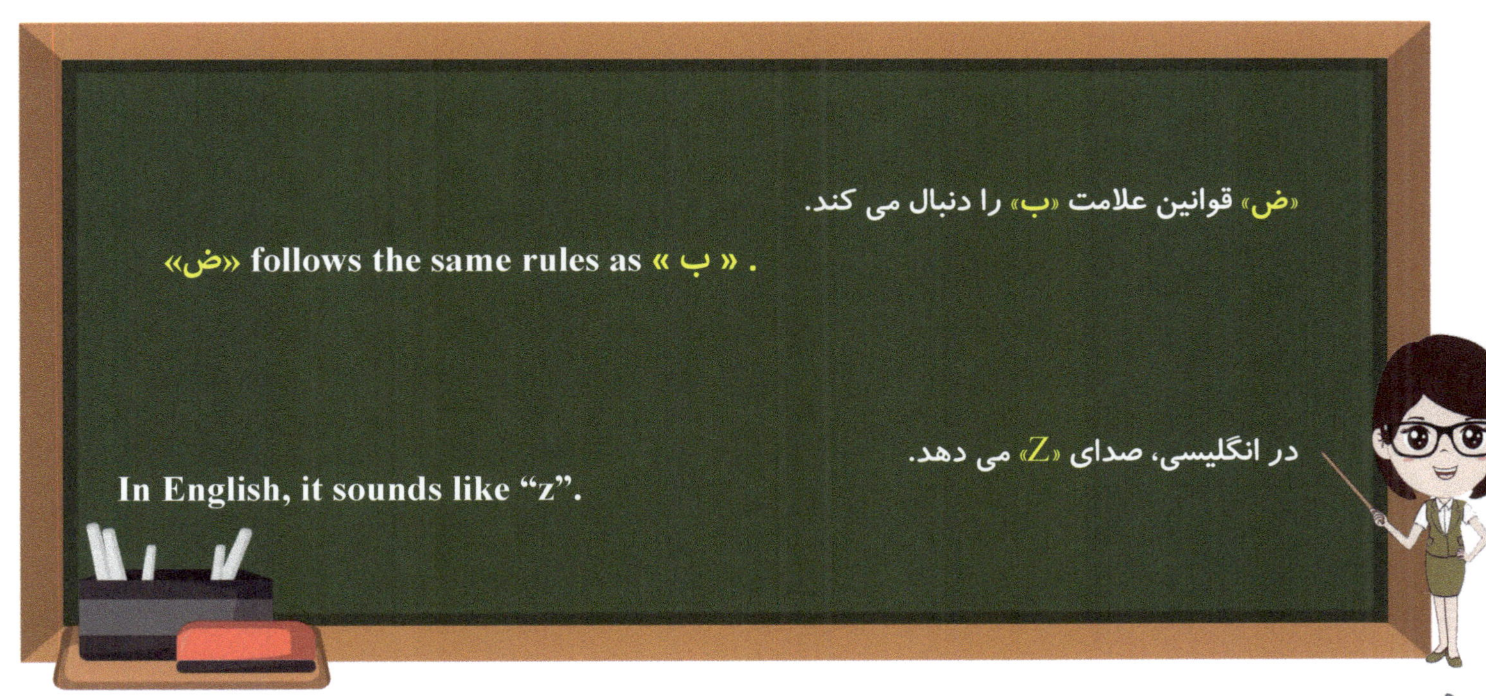

«ض» قوانین علامت «ب» را دنبال می کند.
«ض» follows the same rules as « ب » .
در انگلیسی، صدای «Z» می دهد.
In English, it sounds like “z”.

هر نشانه را به تصویر مربوط به خودوصل کن و کلمه را کامل کن.

Complete each of the words and connect it to the correct picture.

MATH
SIGNATURE
LAW

فَـــانَوَرد قاـــی حوـــ ریاـــی اِمـــا مَریـــ

دو کلمه بنویس که با حرف « ضـ » داشته باشد و سپس، برای هرکدام یک جمله بنویس.

Write two words that contain with letter "ضـ" and then write a sentence using each one.

_______ : _______________________

_______ : _______________________

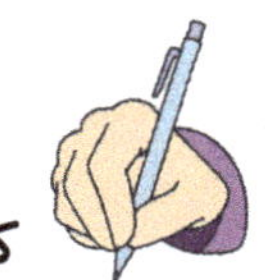

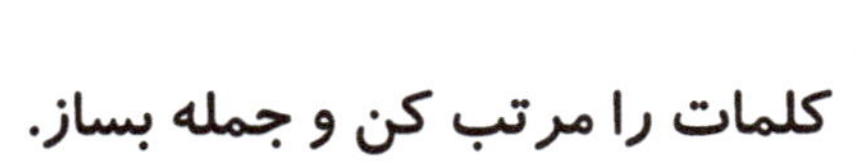

کلمات را مرتب کن و جمله بساز.

Put the words in the correct order and make a sentence.

تعمیرگاه، رِضا، بُرد، را، ماشین‌اش، به.

بود، سامان، دلیل، شُده، به، ضعیف، مَریضی‌اش، بیماری کووید،

دیشب، موضوع، بود، حیوانات، خانگی ، قصّه‌ی،

جشن ، تولّد ، مِن ، حاضِر، هَمکلاسی‌هایم، همه‌ی، بودَند، در،

به تصاویر نگاه کن و نام آنها را زیر نشانه‌ی خودش بنویس.

Look at the pictures and write the name of each one under the column with the correct letter.

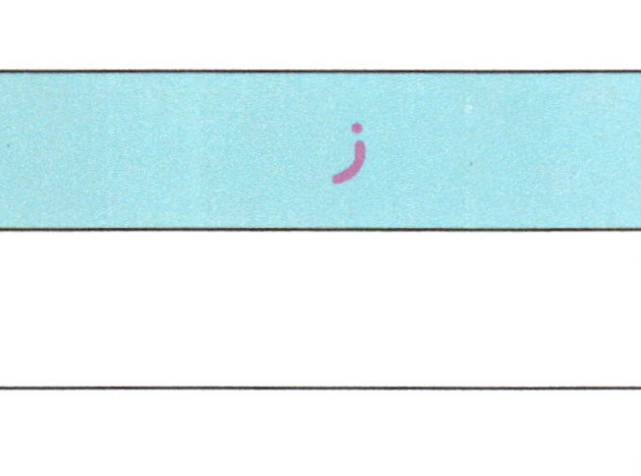

ذ	ض	ز

با حروف زیر تا جایی که می‌توانی کلمه بساز.

Using the letters below, write as many words as you can.

ض، ح، ر، و، ت، ا، م

بخوان و بنویس.

Read the following text and copy it out in the space next to it.

اِمشَب مَشق ریاضی دارم. معلّم در کلاس به ما ضَرب و تَقسیم را یاد داد. مادَرَم در حَل کَردَن بعضی از تَمرین‌ها به مَن کُمَک کَرد. چُون مَشق‌هایم را زود تَمام کَردَم، چَند تَمرینِ اضافه هم حَل کَردَم. سِپَس، بَرایِ‌خواب آماده شُدَم تا فَردا صُبح زود در مَدرسه حاضِر شوم.

تمرین بخش‌کِشی:

Syllables Practice:

جدول‌ها را کامل کن.

Complete the tables.

فَضانوَرد									

فُضول				

Friend of the Alphabet

یار الفبا

کلمات زیر را بخوان، بنویس و به انگلیسی ترجمه کن.

Read and write the following words, then translate them into English.

ضِدّ - ضَعف - وَضع - ضَربه - عَوَض - فُضول - ضَرَبان - رِضایَت - بعضی

چهار کلمه از کلمات بالا را انتخاب کن و برایش جمله بساز.

Choose four words from the ones above and make a sentence for it.

در تصویر کلماتی که حرف " ضـ یا ض " دارند را پیدا کنید و زیر تصویر بنویسید.

Look at the picture and write down the words that has the letter "ضـ ، ض".

سَفینه فَضایی – فَضانورد – فَضا

تمرین روخوانی: Reading Practice:

مَرضیه از آموزگارَش، خانم رَضَوی، دَرباره‌ی داستان‌های شاهنامه* پُرسید.

او توضیح داد که حکیم فردوسی* داستان‌های این کتاب را بصورت شِعرهای زیبا نوشته است.

مَرضیه از موضوع این داستان‌ها بسیار هیجان‌زده شده بود.

بعضی از این داستان‌ها امروزه بصورت فیلم و کارتون‌های مَشهوری در دُنیا شناخته شُده است.

ضَحاک مار دوش* از شَخصیت‌های داستان‌های شاهنامه اَست که در فیلم مَرد عَنکبوتی* از مارهای روی شانه‌اش ایده گِرفته شده است.

مرضیه تَصمیم دارد برای بعضی از داستان‌های زیبا و جَذاب شاهنامه قصّه‌های کوتاه بنویسد و برای هر داستان نقّاشی‌هایی اضافه کند.

خانم رَضَوی از این تَصمیم مَرضیه بسیار راضی است و حاضِر اَست به او کُمَک کُند.

New Words: کلمات جدید:

Judge	*ghazee*	قاضی	
Astronaut,	*fazânavard*	فَضانوَرد	
Signature,	*emzâ*	اِمضاء	
Math,	*reeyâzee*	ریاضی	
Sick,	*mareez*	مَریض	
Beat,	*zarabân*	ضَرَبان	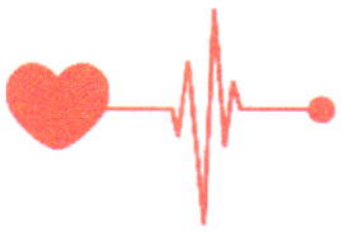
Multiply,	*zarb*	ضَرب	
Spite,	*boghz*	بُغض	
Pound,	*houz*	حوض	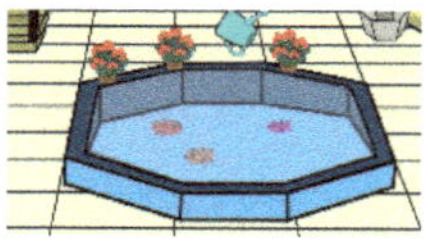

Junk,	ghorâze	قُراضه	
Weak,	zaeef	ضَعیف	
Team,	â~zâ	اَعضاء	
Issue	mozoo~	موضوع	
Present, Willing	hâzer	حاضِر	
Nosy,	fozool	فُضول	
Satisfaction,	rezâyat	رِضایت	

برای دسترسی به مطالب بیشتر و روخوانی کلمات به این صفحه مراجعه کنید. (QR کد را اسکن کنید)

To access more content and pronunciation, refer to this page. (Scan the QR code)

Spelling Test:

دیکته:

تاریخ: __ /__ /____

گزارش آموزگار:

نظر خانواده:

درس ۳۸
ط
ط مثل طوطی

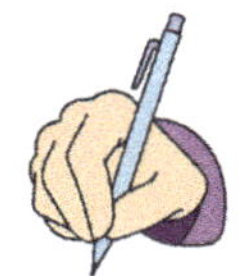

ط ط

عَطر عَطر

طَناب طَناب

مَطَب مَطَب

طوطی طوطی

Teacher Notes: توضیحات آموزگار:

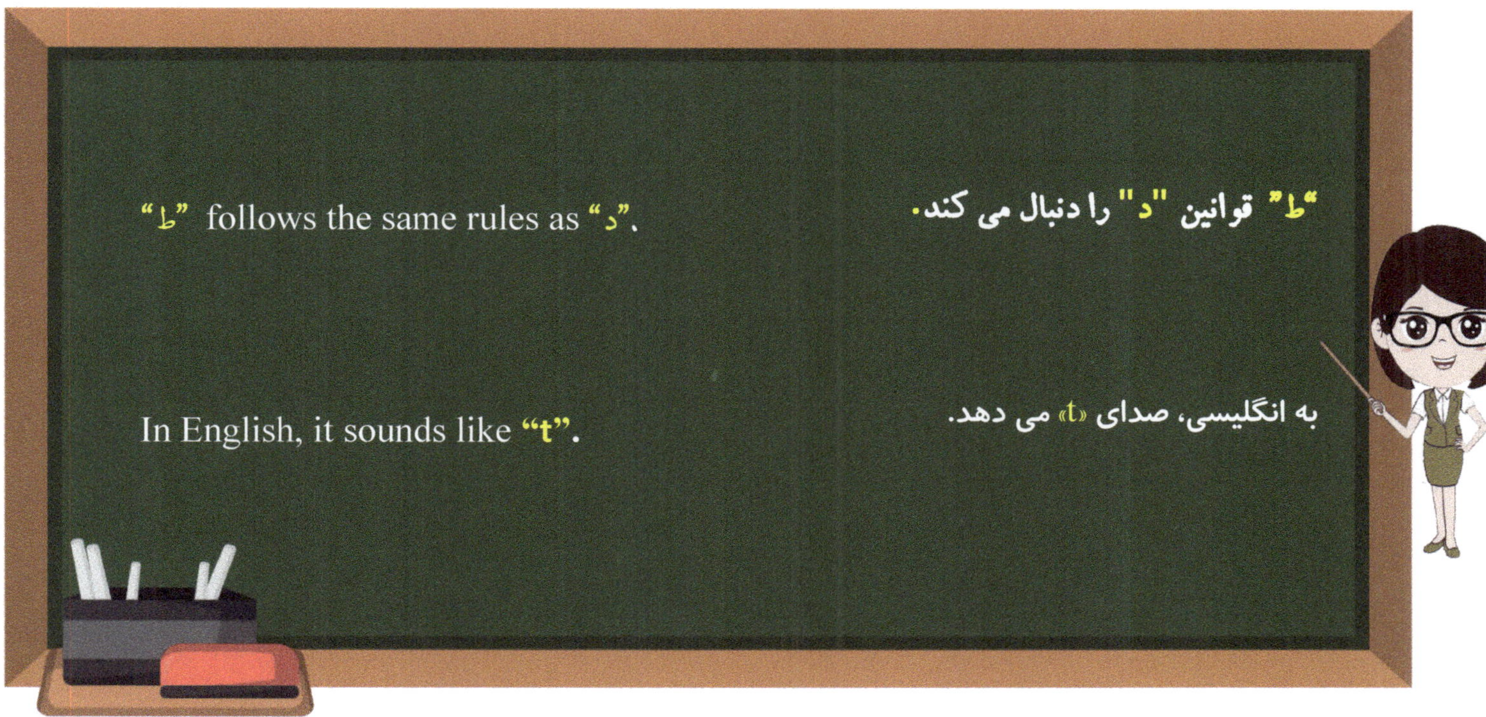

"ط" قوانین "د" را دنبال می کند.
"ط" follows the same rules as "د".
به انگلیسی، صدای «t» می دهد.
In English, it sounds like "t".

نام هر تصویر را در جای مناسب بنویس.

Write the name of each picture in the correct column.

ت	ط

اسم ۲ حیوان که با «ط» شروع می شود را بنویس و نقاشی کن.

Write the name of two animals that start with the letter and draw a picture of each one.

۱- ----------------------------

۲- ----------------------------

جاهای خالی را با توجه به تصویر پر کن.

Fill in the empty spaces with the correct word.

طاهِره با استفاده از ________ از کوه بالای رفت.

طاها با ________ به مَشهد رفت.

خوردن ________ در تابستان لذّت دارد.

به علّت بارِش بَرف شَدید مدرسه‌ی ما ________ شد.

کلمه‌ها را در جدول پیدا کن و دور آن را خط بکش.

Find the words in the grid below and circle each one.

د	ر	گ	رَ	طَ	خَ
وَ	سَ	ط	س	یّ	ط
چ	ث	ذ	ا	پ	ا
ژ	عَ	ط	س	ه	و
سَ	ط	ل	ب	ا	ف
ش	ط	ا	ع	ک	ا

مرتب کن و جمله بساز.

Put the words in the correct order to make a sentence.

زَنگ تفریح، به، آراد، مدرسه، رَفت، حَیاط

کیانا، مَربوط، به ،خاطرات، در، قَطار، تَعریف، را، تعطیلات کریسمس، کَرد

طوطی ، نشسته بود، زیبا ، درخت، روی، یک، شاخه‌ی

تمرین روخوانی:

Reading Practice:

مَدرسه تَعطیل شد.

هَمه بچّه‌ها بَرای مُسابقه فوتبال دَر حَیاط مَدرسه مانده بودَند.

مُسابقه دَر وَسطِ زمین بازی شُروع شد.

رایان و فَربد دَر دو طَرَف زَمین وَرزش ایستاده بودَند.

ناگهان قَطره‌های باران روی سَر و صورتِ بچّه‌ها بارید.

چَمَن زَمین بازی خیس شُد ولی بچّه‌ها مُدّت طولانی زیرِ باران ماندَند.

بعد از این بازی فربُد و رایان هَر دو سَرما خوردَند و تا مدّت‌ها عَطسه می‌کَردند.

آنان خاطره‌ی مَربوط به این مُسابقه را هَرگز فَراموش نَکَردَند.

تمرین بخش کِشی:

Syllables Practice:

جدول‌ها را کامل کن.

Complete the tables.

<table>
<tr><td colspan="6">خاطِره</td></tr>
<tr><td colspan="2"></td><td colspan="2"></td><td colspan="2"></td></tr>
<tr><td></td><td></td><td></td><td></td><td></td><td></td></tr>
</table>

<table>
<tr><td colspan="5">طُلوع</td></tr>
<tr><td colspan="3"></td><td colspan="2"></td></tr>
<tr><td></td><td></td><td></td><td></td><td></td></tr>
</table>

کلمات زیر را در تصویر پیدا کنید و جمله بسازید

Find These Words in this Picture and Make sentences with them.

طوطی، طاووس ، وَسط جَنگل، طَناب، آن طَرف

Friend of the Alphabet

یار اَلفبا

بخوان، بنویس و به انگلیسی ترجمه کن.

Read, write, and translate the following words into English.

طَناب – طَبل – قَطار– مَرطوب – طولانی – خاطِره – وَطَن – فَقَط – طَلا – تَعطیل – اِحتیاط – حَیاط – خَطّ

چهار کلمه از کلمات بالا را انتخاب کن و برایش جمله بساز.

Choose four words from the above and make a sentence for it.

New Words: کلمات جدید:

Parrot	*tootee*	طوطی	
Rope	*tanâb*	طَناب	
Backyard	*hayât*	حَیاط	
Home Country	*vatan*	وَطَن	home country
Train	*ghatâr*	قَطار	
Drop	*ghatre*	قَطرِه	
Period, Spot	*noghte*	نُقطِه	
Center, Middle	*vasat*	وَسَط	

Ruler	*khat kesh*	خَط کِش	
Sneeze	*atse*	عَطسه	
Gold	*tâlâ*	طَلا	
Danger	*khatar*	خَطَر	
Error	*khatâ*	خَطا	
Tailor	*khayât*	خَیّاط	
Melon	*tâlebee*	طالِبی	

برای دسترسی به مطالب بیشتر و روخوانی کلمات به این صفحه مراجعه کنید. (QR کد را اسکن کنید)

To access more content and pronunciation, refer to this page. (Scan the QR code)

Spelling Test:

دیکته:

تاریخ: __ /__ /____

گزارش آموزگار:

نظر خانواده:

درس ۳۹

غ مثل غاز

غـ غـ

غ غ

غُنچه غُنچه

جُغد جُغد

غوغا غوغا

Teacher Notes:

توضیحات آموزگار:

«غ» یکی دیگر از حروف الفبا که صدای «ق» می‌دهد.

"غ" is another letter of the alphabet that makes the sound of "ق".

" غ " قوانین ع را دنبال می‌کند.

"غ" follows the rules of "ع".

برای تشخیص آنکه در کلمه از غ استفاده شود یا ق تنها راه خواندن بیشتر متن‌های فارسی و بخاطر سپردن دیکته صحیح کلمات است.

The only way to determine whether a word is using " غ" or "ق " is to read more Persian texts and remember the correct dictation of the words.

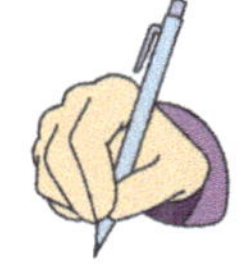

به تصویر نگاه کن و در جاهای خالی را با حرف "غـ " پر کن.

Look at the picture and complete the words

ـا	قورباـه	جُـد	مُرـابی	ـُنچه

به جمله‌ی اول توجه کن و مانند آن جمله‌های دیگر را کامل کن.

Look closely at the first sentence and use it as a template to complete the sentences after it.

مَن غَمگین نیستم. ما ____________

تو ____________ شُما ____________

او ____________ آنها ____________

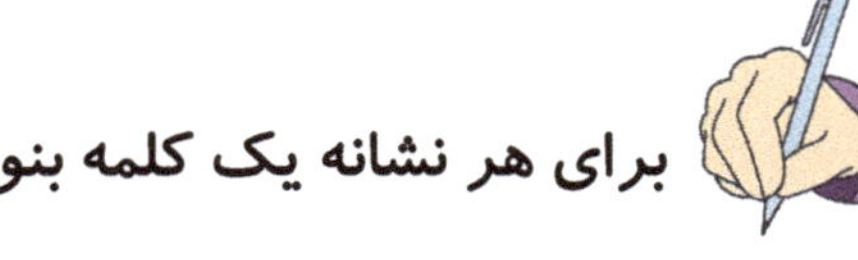

برای هر نشانه یک کلمه بنویس.

Write a word using each form of the letter.

قـ	ق	غـ	ـغـ	ـغ	غ

کلمه‌ی مناسب را از داخل کمانک انتخاب کن و جمله‌ها را کامل کن.

Select the correct word within the parentheses to complete the sentences.

من می‌خواستَم از آن وَزَغ عَکس بِگیرَم امّا او (غِیب / غِیر) شُد.

او کاغَذ را از سطل (آشغال / شُغال) دَرآوَرد.

غُرّش خِرس دَر (غار / غاز) پیچید.

مادَرَم قَبل از سَفَر مَرا (بَغَل / زُغال) کرد.

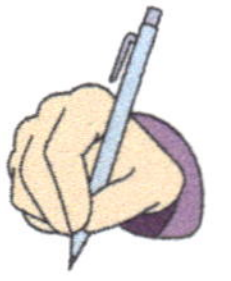

کلمات هم معنی یا مشابه را به هم وصل کن.

Connect the words that have the same or similar meaning.

غُصّه	خوراک
قِصّه	زاغ
غافِل	غَم
غَذا	داستان
کَلاغ	بی‌خَبَر

برای تصویر با کلمات زیر دو جمله بنویس.

Write two sentences for this picture.

باغبان، غَزاله، باغ، باغچه، غُنچه، شُلُوغ

۱. ______________________________

۲. ______________________________

تمرین بخش کِشی:

Syllables Practice:

جدول‌ها را کامل کن.

Complete the tables.

قورباغه						

نَغمه				

مُرغابی						

کَلاغ				

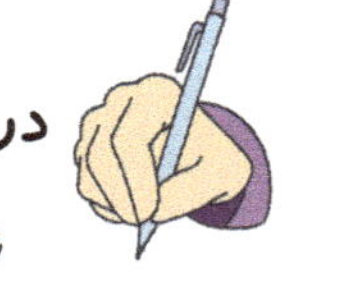

در تصویر کلماتی که حرف " غـ یا غ " را پیدا کنید و با آنها جمله بسازید.

Look at the picture and find the words that has the letter " غ ، غـ " and make sentences.

غار، جوجه تیغی، غروب، کَلاغ، جُغد، تیغ

۱- ____________________

۲- ____________________

تمرین روخوانی: **Reading Practice:**

در یک غُروب پاییزی در شهر مَراغه با مادرم گُفتگو می‌کُنم.

مادَرم با غُرور دَربارِه‌ی شاعِران و نویسَندگانِ ایرانی صُحبت می‌کند.

او می‌گوید: "غَزاله عَلیزاده* و فُروغ فَرخزاد* اَز نویسندگان و شاعِران نامدار ایرانی هَستند."مَن به رَدیفِ کتاب‌ها در کِتابخانه نگاه می‌کُنم.

از مادَرم دَربارِه‌یِ شاهنامه‌یِ فِردوسی می‌پُرسَم.

او برایَم از شاهنامه می‌گوید که داستان‌های بسیار زیبایی دارَد.

پَرنده‌ای به نام سیمرغ دَر این داستان‌ها نَقشِ مهمّی دارَد.

او کَتابِ دیگری به نامِ کلیله و دِمنه* به دَستم می‌دهد.

وقتی مَن کاغَذهای آن را وَرَق می‌زَنم، به داستان مُرغ ماهی‌خوار می‌رِسَم.

دوستی جُغد و کلاغ، مُرغابی و لاک‌پُشت اَز دیگر داستان‌های این کِتاب است.

مادَرم به من می‌گوید، کلیله و دِمنه نام دو شُغال است که این داستان‌ها را تَعریف می‌کنند.

مخالف کلمات زیر را نوشته و برای هر یک جمله بسازید.

Find the opposite words and make sentences with the word you find.

حاضِر	________	----------------------------
شاد	________	----------------------------
چاق	________	----------------------------
راستگو	________	----------------------------
خَلوت	________	----------------------------

دیکته:

Spelling Test

Friends of the Alphabet

یار الفبا

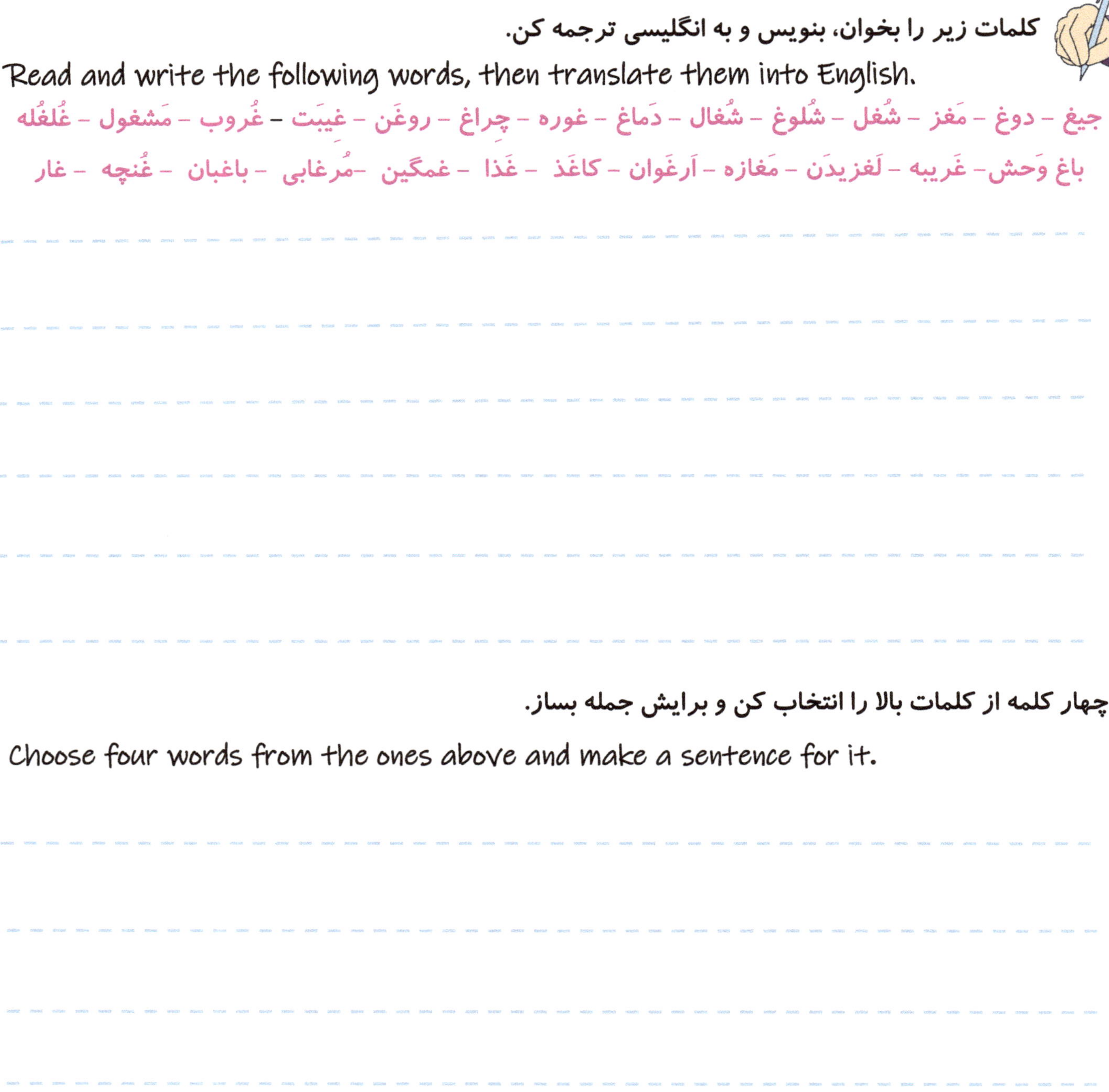

کلمات زیر را بخوان، بنویس و به انگلیسی ترجمه کن.

Read and write the following words, then translate them into English.

جیغ – دوغ – مَغز – شُغل – شُلوغ – شُغال – دَماغ – غوره – چِراغ – روغَن – غیبَت – غُروب – مَشغول – غُلغُله

باغ وَحش – غَریبه – لَغزیدَن – مَغازه – اَرغَوان – کاغَذ – غَذا – غمگین – مُرغابی – باغبان – غُنچه – غار

چهار کلمه از کلمات بالا را انتخاب کن و برایش جمله بساز.

Choose four words from the ones above and make a sentence for it.

New Words: کلمات جدید:

Owel	*joghd*	جُغد	
Duck	*morghabee*	مُرغابی	
Goose	*ghâz*	غاز	
Jackal, Reynard	*shoghâl*	شُغال	
Bud	*ghonche*	غُنچه	
Hug	*baghal*	بَغَل	
Frog	*vazagh*	وَزَغ	
Grief	*ghose*	غُصّه	
Crow	*kalâgh*	کَلاغ	

Gardener	*bâghbân*	**باغبان**	
Oblivious,	*ghâfel*	**غافِل**	
Oil	*roghan*	**روغَن**	

تاریخ: __ /__ /____

گزارش آموزگار:

نظر خانواده:

برای دسترسی به مطالب بیشتر و روخوانی کلمات به این صفحه مراجعه کنید. (QR کد را اسکن کنید)

To access more content and pronunciation, refer to this page. (Scan the QR code)

مثل ظرف شُستَن

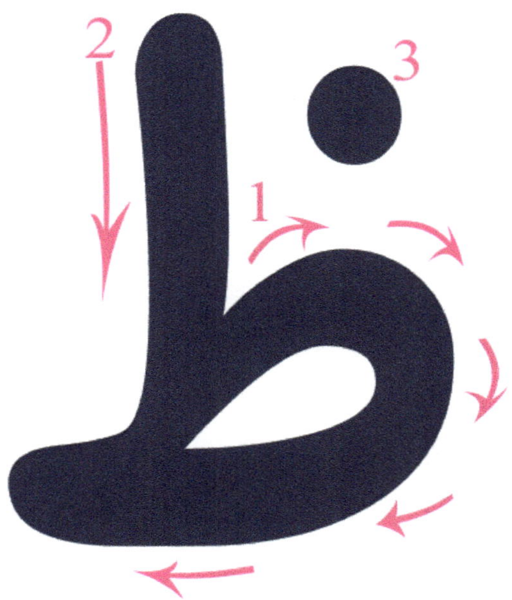

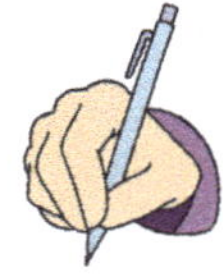

ظ ظ

ناظِر ناظِر

حافِظ* حافِظ

مَنَظَره مَنَظَره

ناظِم ناظِم

نِظافَت نِظافَت

Teacher Notes:

توضیحات آموزگار:

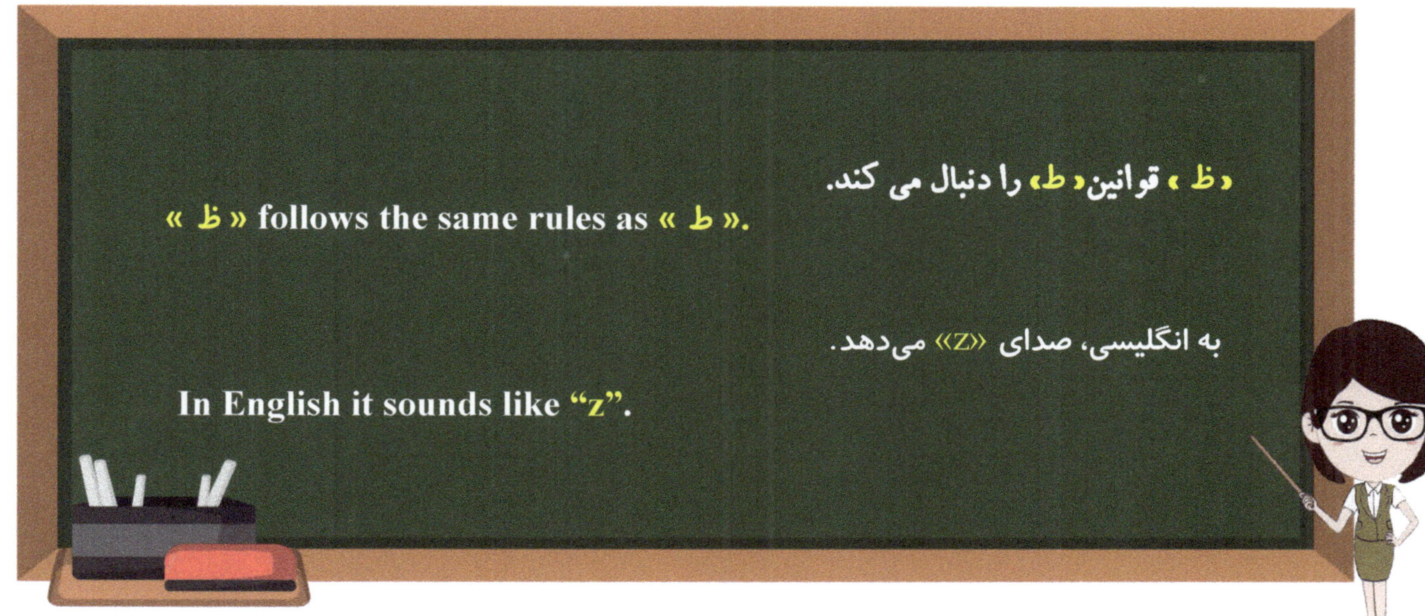

« ظ » قوانین« ط» را دنبال می کند.
« ظ » follows the same rules as « ط ».
به انگلیسی، صدای «Z» می‌دهد.
In English it sounds like "z".

نام هر کدام از تصاویر را کامل کن و به تصویر خود وصل کن.

Complete each of the words and connect them to the correct pictures.

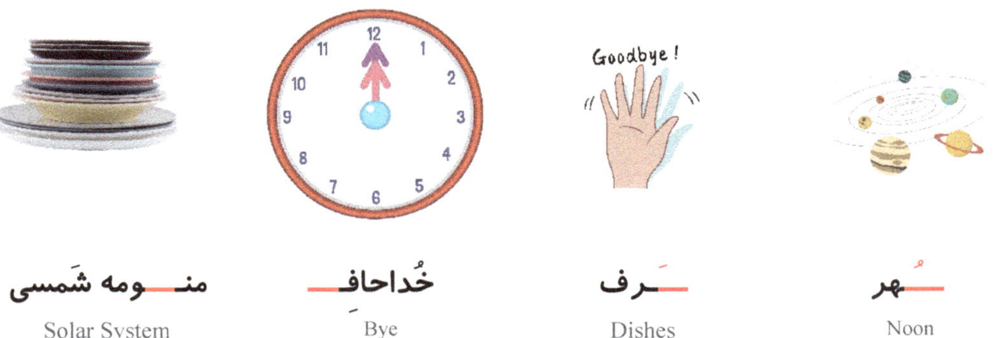

Goodbye!

منـــومه شَمسی	خُداحافـــ	ـــرف	ـــهر
Solar System	Bye	Dishes	Noon

جای خالی را پر کنیدو به انگلیسی ترجمه کنید.

Fill in the blank.

Good-morning	صبح بخیر	ساعت هشت صبح
___	___	ساعت دَوازده ظهر
___	___	ساعت سه و نیم بَعد ظُهر
___	___	ساعت پَنج عصر
___	___	ساعت نه شب

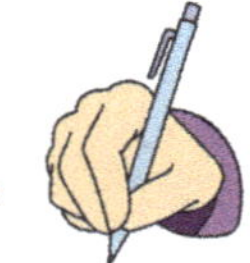

هر کلمه را به کلمه‌ی مربوط به خود وصل کن.

Connect each word to the one that goes with it the best.

اتاق	غلیظ
منظره	تابستان
ظهر	بی نظم
آش	انتظار
بچه	دریا

مانند نمونه، از هر کدام از کلمات زیر یک کلمه‌ی کوچک تر جدا کن و بنویس.

Based on the example provided, find a smaller word within each of the given words and write it next it.

حافظ: حفظ

بی‌نَظیر: ____________

ظُروف: ____________

مواظِبَت: ____________

ناظِم: ____________

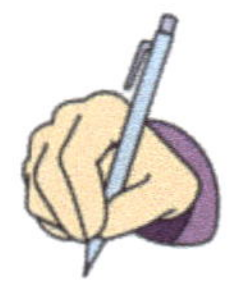

کلمات را زیر نشانه ی خود بنویس.

Write each of the words in the column with the correct letter.

غَذا، سرزمین، ضَبط، مُواظِب، زور، ضَرب، تَعظیم، کاغَذ، نیاز،حفظ، ذَرّه، زیبا، تَنظیم

ظ	ز	ذ	ض

Reading Practice:

تمرین روخوانی:

ظُهر یِکی اَز آخرین روزهای بَهاری بود .

دانِش‌آموزان کِلاسِ اَوّلِ فارسی دَرِ انتظارِ آموزگارشان بودند .

مُعَلّم کِلاسِ اَوّل خانمِ ظُهُوریان با لَبخَند وارِد کِلاس شُد و دَرباره آخرین روز کِلاس فارسی سُخَن گُفت .

او از دانش‌آموزان دَرخواست کَرد دَر طول تَعطیلات تابِستان جَدول حُروف اَلفبا را حِفظ کُنند .

سِپَس به آنان نَصیحَت کَرد اَز تَعطیلات تابستان خود اِستفاده کنند و مواظب خود باشند.

دَر لَحَظات آخر کِلاس، ناظِم مَدرسه ، خانم نَظَری زَنگ مَدرسه را به صِدا دَرآورد .

دانش‌آموزان یِکی یِکی بَرخاستند و از خانُم ظُهُوریان تَشکّر و خُداحافظی کَردَند.

دانش‌آموزان با نَظم وَ تَرتیب از کِلاس خارج شُدند و وارِدِ حیاط مَدرسه شُدند .

بچّه‌ها شروع به بازی و شادی کَردند و مُنتظر خانواده‌هایشان شُدند تا آنان را به خانه بِبَرَند.

Syllables Practice:

تمرین بخش کِشی:

Complete the tables.

جدول‌ها را کامل کن.

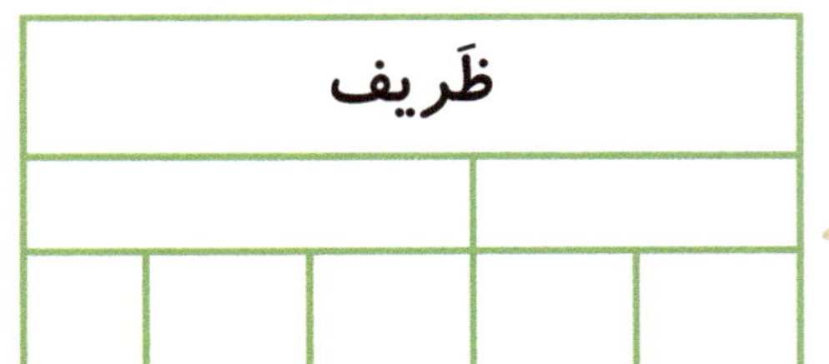

ظَریف				

مواظِب						

انتخاب کنید:

Choose the correct one:

من آشپزخانه را مُنظّم (می‌کنند - می‌کنم).

در منظومه شَمسی هشت سیاره و بیش از صَد ماه وُجود (دارَند - دارَد).

شُستن ظَرف‌ها دَر ماشین ظَرفشویی آب کَمتری مَصرف (می کنیم، می‌کُند).

پَرهای طوطیِ نَغمه بسیار ظَریف (است - نیست).

مَن دیروز دَر مَطَب دُکتر مُنتَظِر نوبَتَم (بودم - هستم).

برای محافظَت از دَندان‌هایمان باید بَعد از هَر غَذا مسواک (بِزَنَند – بِزنیم)

وَظیفه‌ی هَر دانش‌آموزی خوب دَرس (خواندیم - خواندَن) است.

دَر لَحظه‌ی تَحویل سال ما دور سُفره هَفت سین (می‌نِشینیم می‌نِشینند).

یار الفبا

Friends of the Alphabet

کلمات زیر را بخوان، بنویس و به انگلیسی ترجمه کن.

Read and write the following words, then translate them into English.

ظُهر - خُداحافِظی - مُواظِبَت - جا ظَرفی - نَظم - وَظیفه - لَحظه - عَظیم - مُنتَظِر - تَعظیم - حِفظ - ظَریف

چهار کلمه از کلمات بالا را انتخاب کن و برایش جمله بساز.

Choose four words from the ones above and make a sentence for it.

New Words: کلمات جدید:

The observer	*nâzer*	ناظِر	
Organized	*monnazzam*	مُنَظَّم	
School (hall) monitor	*nâzem*	ناظِم	
To bow	*ta~zeem*	تَعظیم	
Expectation	*entezâr*	اِنتظار	
Protect, Preserve	*hefz*	حِفظ کَردَن	
Duty	*vâzeefe*	وَظیفه	

برای دسترسی به مطالب بیشتر و روخوانی کلمات به این صفحه مراجعه کنید. (QR کد را اسکن کنید)

To access more content and pronunciation, refer to this page. (Scan the QR code)

Spelling Test:

دیکته:

تاریخ: __ /__ /____

گزارش آموزگار:

نظر خانواده:

الفبای فارسی:

نشانه ها یا حروف فارسی دو دسته اند:

- حروف صدادار

شامل شش نشانه یا حرف هستند

صداهای بلند آ - او - ای

صداهای کوتاه اَ - اِ - اُ

- حروف بی صدا

شامل 31 نشانه یا حرف اند

ب - پ - ت - ث - ج - چ - ح - خ - د - ذ - ر - ز - ژ - س - ش - ص - ض - ط - ظ - ع - غ - ف - ق - ک - گ - ل - م - ن - و - ه - ی

حروف الفبا

اَ ـَ	اِ ـِ ه ـه	اُ ـُ	
آ ا	ایـ یـ ی ای	او و	
بـ ب	پـ پ	تـ ت	ثـ ث
جـ ج	چـ چ	حـ ح	خـ خ
د	ذ	ر	ز
ژ	سـ س	شـ ش	صـ ص
ضـ ض	ط	ظ	عـ ـعـ ع ـع
غـ ـغـ غ ـغ	فـ ف	قـ ق	کـ ک
گـ گ	لـ ل	مـ م	نـ ن
و	هـ ـهـ ـه ه	یـ ی	

Final Test:

ارزیابی

۱- نام هر تصویر را بنویسید.

1- Write the name of each picture.

 Crow	 Norouz Table Setting	 Towel	 Watermelon	 Airplane
 School	 zero	 Frog	 Chair	 Sun
 Glasses	 Doll	 Snail	 Radio	 Sleeping

۲- برای هر نشانه سه کلمه بنویس.

2-Write three words that contain these letters.

			ق
			غ
			ز

			ذ
			ع
			ح
			ط
			ظ
			ث
			ص
			چ
			ش
			ژ

۳- تصاویر زیر را بشمارید و تعداد ونام آنرا زیر آن بنویسید.

3-Count the following picture and write the number and the name under it.

۱- ______ ______

۲- ______ ______

۳- ______ ______

۴- ______ ______

۴- مخالف کلمات زیر را بنویسید.

4- Write the opposite of the following words.

چاق	-----------	دیر	-----------
شَب	-----------	دوست	-----------
گُرُسنه	-----------	سیاه	-----------
نازُک	-----------	بالا	-----------

۵- کدام یک از نشانه‌های ض، ذ، ز در کلمات زیر جا افتاده است؟

5- Which of these letters "ض، ذ، ز" was missing?

مَعـ... رَت	مُحافِـ...ـت
مُنتَـ...ر	سِپاسگُـ... ار
را ...ـی	

۶- متن زیر را کامل کنید.

6- Fill in the blanks.

نامِ مَن __________ است.

مَن دانِش‌آموز کِلاسِ __________ فارسی هَستم.

نامِ آموزگارِ من __________ است.

اَوّلین روز کِلاس فارسی، مَن هیچکُدام از __________ فارسی را نمی‌شِناختَم.

مَن دوست داشتَم کَلَماتی مثل __________، __________. و __________ را بنویسم.

اَکنون می‌تَوانَم هَمه‌ی __________ که دوست دارَم صَحیح و خوانا بِنویسَم.

مَن اَز آموزگار دانا و مِهربانَم __________ که چِراغ راه عِلم و دانش من است.

پاورقی‌ها:

❊ شهرزاد:

شهرزاد نام شیرزن و شخصیت اصلی داستان هزار و یک شب است. در داستان، او با زرنگی و شجاعت از شهریار شاه خشن دلجویی کرد و خودش، همراه با زنان محل را از دست او نجات می‌دهد.

Shahrzad:

Shahrzad is the name of the heroine and main character of the story of "1001 Nights". In the story, she uses her wit and courage to appease King Shahriar and save herself and the local women from his wrath.

❊ مریم میرزاخانی :

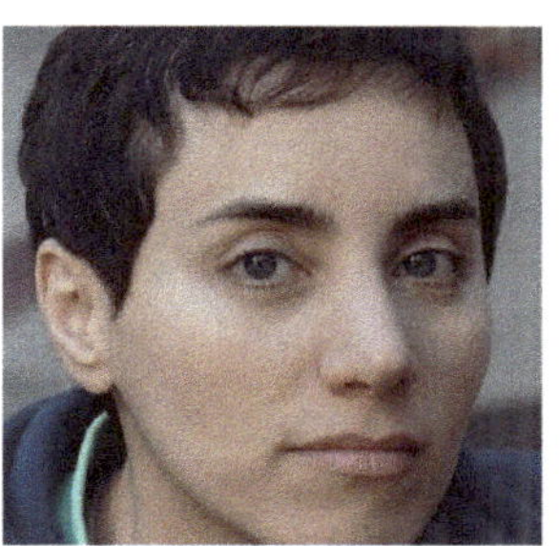

پروفسور مریم میرزاخانی نابغه ریاضی ایران و چهره جوان و ممتاز بین‌المللی در ریاضیات جهان است؛ بانویی ساده و متواضع و در عین حال مستعد، خلاق، سخت‌کوش و باانگیزه که همه موانع را پشت سر گذاشت و نام وی به‌عنوان تاریخ‌ساز برای همیشه جاودانه شد. مریم نخستین زن در جهان و اولین ایرانی برنده نوبل ریاضیات است که با عنوان «مدال فیلدز» از آن یاد می‌شود. کشفیات و خدمات علمی این ریاضیدان نخبه و دانشمند برجسته علم ریاضیات در عمر کوتاه ۴۰ ساله‌اش، روزی را با عنوان او در تقویم جهانی به ثبت رسانده است.

Maryam Mirzakhani

Maryam Mirzakhani was an Iranian mathematician and a professor of mathematics at Stanford University. Her research topics included Teichmüller theory, hyperbolic geometry, ergodic theory, and symplectic geometry.

* نوروز

نوروز و یا سال نو ایرانی که با نام "سال نو پارسی" نیز شناخته می‌شود، جشن آغاز سال جدید در تقویم هجری شمسی ایرانیان است .نوروز در لغت به معنای "روز جدید" است و تلفظ آن در کشورهای مختلف اندکی باهم تفاوت دارد .نوروز بیانگر روز اول فصل بهار است و آغاز اعتدال بهاری را نشان می‌دهد.

Nowruz

Nowruz is the Iranian or Persian New Year celebrated by various ethnicities groups worldwide. It is a festival based on the Iranian Solar Hijri calendar, on the spring equinox—on or around 21 March on the Gregorian calendar.

* سِپَندارمَذگان

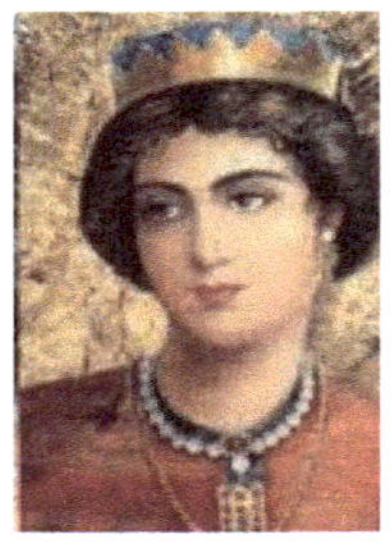

جشن سِپَندارمَذگان یا اِسپَندگان یا اِسفَندارمَذگان روز گرامیداشت زن، زمین و عاشقان و دلدادگان است که در روز اسفند از ماه اسفند برابر با ۵ اسفند گاهشمار یزدگردی و ۲۹ بهمن‌ماه گاهشمار کنونی برگزار می‌شود.آیین‌ها و دیگر نام‌ها این جشن را با نام‌های جشن برزیگران هم نامیده‌اند.[۱۴] در روز اسپندگان چند جشن با مناسکی به‌خصوص برگزار می‌شده‌است. نخستین آنان جشن مردگیران یا جشن مژدگیران بود که ویژه زنان بود. در این روز مردان برای زنان هدیه می‌خریدند و از آنان قدردانی می‌کردند.

Sepandārmazgān

Sepandārmazgān or Espandegān, is an ancient Iranian day of women with Zoroastrian roots dating back to the first Persian Empire, the Achaemenid Empire. This day is dedicated to Spənta Ārmaiti, the Amesha Spenta who is given the domain of "earth".

❊ حافظ:

خواجه شمسُ‌الدّینْ محمّدِ بن بهاءُالدّینْ محمّدْ حافظِ شیرازی، متخلص به حافظ، یکی از محبوب ترین شعرای ایرانیست. آثار او، که بخش عمده آن را غزلیات تشکیل میدهد در مجموعه ای به نام دیوان حافظ گرداوری شده است. همچنین، حافظ به عالم غیب و داننده اسرار شناخته شده است .افراد، هنگام مواجهه با مشکلات زندگی و در بعضی مراسم، به اشعارش او مراجعه می کنند.

Hafez:

Khwaje Shams-od-Din Mohammad Hafez Shirazi, better known as Hafez, is one of the most popular and beloved Persian poets. His works, most of which are in the lyric style of poetry called "ghazals", have been combined in a collection known as "The Divan of Hafez". He has been renowned by many as the "Scholar of the Unseen" and "Knower of Secrets". During times of struggle and difficulty or particular ceremonies, people will refer to his works for guidance.

❊ شاهنامه:

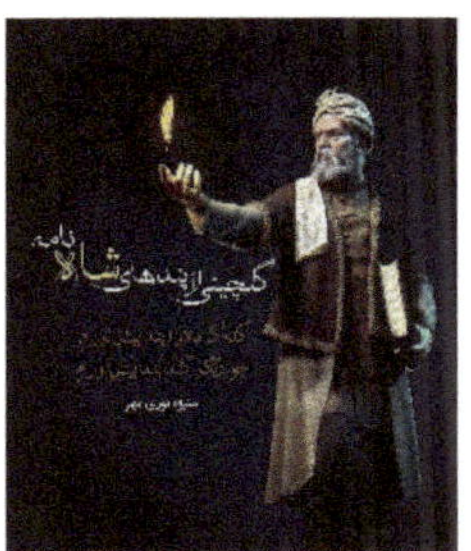

شاهنامه، حماسه‌ای منظوم، بر حسب دست‌نوشته‌های موجود دربرگیرنده نزدیک به ۵۰٬۰۰۰ تا ۶۱٬۰۰۰ بیت و یکی از بزرگ‌ترین و برجسته‌ترین سروده‌های حماسی جهان، اثر فردوسی است که سرایش آن دست‌آورد دست‌کم، سی سال کار پیوسته این سخن‌سرای ایرانی است. موضوع این اثر، اسطوره‌ها و تاریخ ایران از آغاز تا حملهی اعراب به ایران در سده‌ی هفتم میلادی است که در چهار دودمان پادشاهیِ پیشدادیان، کیانیان، اشکانیان و ساسانیان گنجانده می‌شود .شاهنامه از سه بخش اسطوره‌ای، پهلوانی و تاریخی، تشکیل و بر وزن «فَعولُن فعولن فعولن فَعَلْ»، در بحرِ مُتَقارِبِ مثمّنِ محذوف، نگاشته شده‌است.

The Shahnameh:

Shahnameh, is a long epic poem written by the Persian poet Ferdowsi between c. 977 and 1010 CE and is the national epic of Greater Iran. Consisting of some 50,000 "distichs" or couplets (two-line verses), the Shahnameh is one of the world's longest epic poems, and the longest epic poem created by a single author. It tells mainly the mythical and to some extent the historical past of the Persian Empire from the creation of the world until the Muslim conquest in the seventh century.

Iran, Azerbaijan, Afghanistan, Tajikistan and the greater region influenced by Persian culture such as Armenia, Dagestan, Georgia, Turkey, Turkmenistan and Uzbekistan celebrate this national epic.

The work is of central importance in Persian culture and Persian language. It is regarded as a literary masterpiece, and definitive of the ethno-national cultural identity of Iran.

* فردوسی:

ابوالقاسم فردوسی توسی (۳۲۹ – ۴۱۶ هجری قمری) شاعر حماسه‌سرای ایرانی و سراینده‌ی شاهنامه، که حماسه‌ی ملی ایران است. فردوسی را بزرگ‌ترین سراینده‌ی پارسی‌گو دانسته‌اند.که از شهرت جهانی برخوردار است. وی را حکیم سخن و حکیم توس گویند.

Ferdowsi:

Abul-Qâsem Ferdowsi Tusi (940 – 1019/1025),[also Firdawsi or Ferdowsi was a Persian poet and the author of Shahnameh ("Book of Kings"), which is one of the world's longest epic poems created by a single poet, and the greatest epic of Persian-speaking countries. Ferdowsi is celebrated as one of the most influential figures of Persian literature and one of the greatest in the history of literature.

* ضحاک ماردوش

ضَحاک از پادشاهان افسانه‌ای ایران است. نام وی در اوستا به صورت آژی‌داهاکا، آمده است و معنای آن مار اهریمنی است. در شاهنامه پسر مرداس و فرمانروای دشت نیزه‌وران است. او پس از کشتن پدرش بر تخت می‌نشیند. ایرانیان که از ستم‌های جمشید پادشاه ایران به ستوه آمده بودند، به نزد ضحاک رفته و او را به شاهی بر می‌گزینند. ابلیس دستیار ضحاک با دو بوسه بر دوش ضحاک، دو مار از جای بوسه‌ها بیرون می‌جهد. پس از این واقعه ابلیس نسخه‌ای تجویز می‌کند که باید هر روز مغز دو جوان را خوراک مارها نماید تا گزندی به او نرسد. ضحاک فرزند امیری نیک سرشت و دادگر به نام مرداس بود. اهریمن خود را به شکل جوانی زیبا در آورد و ضحاک را فریب داد و با او نقشه ی قتل پدرش مرداس را کشید . بعد از مرگ پدر و به سلطنت رسیدن ضحاک، اهریمن خود را به شکل جوانی آشپز در آورد و در دربار پادشاه کار کرد. ضحاک ساختن غذا و آراستن سفره را به او واگذاشت. اهریمن سفره بسیار رنگینی با خورش‌های گوناگون و گوارا از پرندگان و چهارپایان، آماده کرد. ضحاک خشنود شد. روز دیگر سفره رنگین‌تری فراهم کرد و همچنین هر روز غذای بهتری می‌ساخت.

Zahhāk or Zahāk

is an evil figure in Persian mythology, evident in ancient Persian folklore as Azhi Dahāka و the name by which he also appears in the texts of the Avesta.https://en.wikipedia.org/wiki/Zahhak - cite_note-Bane_2012-3 In Middle Persian he is called Dahāg or Bēvar Asp the latter meaning "he who has 10,000 horses" In Zoroastrianism, Zahhak (going under the name Aži Dahāka) is considered the son of Ahriman, the foe of Ahura Mazda.https://en.wikipedia.org/wiki/Zahhak - cite_note-6 In the Shāhnāmah of Ferdowsi, Zahhāk is the son of a ruler named Merdās.

❊ غزاله علیزاده

فاطمه (غزاله) علیزاده متولد ۲۷ بهمن ۱۳۲۷ و مرگ در تاریخ ۲۱ اردیبهشت ۱۳۷۵ (نویسنده ایرانی است که رمان دوجلدی معروف خانه ادریسی ها و شبهای تهران از **آثار اوست. او کار ادبی خود را از دهه ۱۳۴۰ (خورشیدی) و با انتشار داستان‌های کوتاه در مشهد آغاز کرد.**

غزاله علیزاده در ۲۱ اردیبهشت سال ۱۳۷۵، در روستای جواهرده رامسر، با دار زدن خود، دست به خودکشی زد.

Ghazaleh Alizadeh;

15 February 1949 – 12 May 1996 was an Iranian poet and writer. Her mother was also a poet and writer. She married twice; she and her husband Bijan Elahi had a daughter called Salma. She also adopted two girls who were survivors of the 1961 Qazvin earthquake.

** فروغ فرخزاد*

فروغ فرخزاد شاعر برجسته و معاصر بود که در طول فعالیت ادبی خویش نه تنها نو آوری‌های بسیاری در زمینه‌ی شعر نو و فیلم سازی داشت بلکه با ایده های سنّتی در مورد نقش و حقوق زنان مبارزه کرد. آثار فروغ به زبانهای متعددی ترجمه شده و همچنان مورد استقبال نسل جدید پارسی زبان است.

Forough Farrokhzad:

Forough Farrokhzad was a prominent and influential poet who, throughout her career, was not only an innovator in the field of modern poetry and film-making, but also combatted traditional ideas about women's rights and roles in society. Forough's works have been translated into numerous languages and remains highly relevant to the new generation of Farsi-speaking people.

* مرد عنکبوتی

مرد عنکبوتی یک شخصیت خیالی ابرقهرمان در کتاب‌های کامیک منتشر شده توسط مارول کامیکس است. وی توسط استن لی نویسنده و خالق چندین ابرقهرمان معروف مارول و استیو دیتکو خلق شده‌است.

Spider-Man:

is a superhero appearing in American comic books published by Marvel Comics. Created by writer-editor Stan Lee and artist Steve Ditko, he first appeared in the anthology comic book Amazing Fantasy #15 (August 1962) in the Silver Age of Comic Books. He has been featured in comic books, television shows, films, video games, novels, and plays.

*کلیله و دمنه

کَلیله و دِمنه نوشته‌ی ویشنا سرما کتابی است از اصل هندی که در دوران ساسانی به زبان پارسی میانه ترجمه شد .کلیله و دمنه کتابی پندآمیز است که در آن حکایت‌های گوناگون (بیشتر از زبان حیوانات) نقل شده‌است. نام کتاب از دو شغال به نام «کلیله» و «دمنه» گرفته شده که قصه‌های کتاب از زبان آن‌ها گفته شده‌است. بخش بزرگی از کتاب اختصاص به داستان این دو شغال دارد. اصل داستان‌های آن در هند و در حدود سال‌های ۵۰۰ تا ۱۰۰ پیش از میلاد به وقوع می‌پیوند.

Kalīla wa-Dimna or Kelileh o Demneh:

is a collection of fables. The book consists of fifteen chapters containing a lot of fables whose heroes are animals. A remarkable animal character is the lion, who plays the role of the king; he has a servant ox Shetrebah, while the two jackals of the title, Kalila and Dimna, appear both as narrators and as protagonists. Its likely origin is the Sanskrit Panchatantra. The book has been translated into many languages, with surviving illustrations in manuscripts from the 13th century onwards.

به عنوان آموزگار زبان پارسی با بیش از ۱۶ سال تجربه آموزش در مدارس داخل ایران عزیز و نیز ۱۲ سال آموزش این زبان ارزشمند به کودکان خانواده‌های پارسی‌زبان در کشور کانادا، شدیداً جای خالی کتابی جامع که هم راهگشای آموزگاران زبان پارسی در خارج از مرزهای ایران باشند و هم قابل درک و استفاده برای زبان‌آموزان مهاجر احساس می‌شد.

با نگاهی اجمالی به دو جلد کتاب ارزشمند «فارسی برای همه» که حاصل سال‌ها تلاش و تجربه آموزشی گرانقدر استاد فرهیخته و ادیب خانم «دبیری‌کار زندی» می‌باشد، بسیار شادمان و خشنودم این منبع ارزشمند که در حال حاضر نسبت به منابع موجود جهت آموزش زبان پارسی به غیر پارسی‌زبانان از جامعیت بیشتری برخوردار است، در دسترس بنده و دیگر همکاران گرامی قرار گرفته است.

زنده باد زبان پارسی
پاینده باد ایران زمین

فریبا اعتصامی
مدیر و آموزگار مدرسه پارسی کلگری
31/07/2023

پریناز ژندی

مدرس زبان فارسی
مبتکر روش نوین آموزش دوزبانه به کودکان و بزرگسالان
مؤسس آموزشگاه فرهنگی وآموزشی "به سوی آینده"
شاعر
نویسنده
کارشناس ادبیات
دانش آموخته زبان و ادبیات پارسی
عضو هیأت امنای انجمن حمایت و یاری آسیب دیدگان اجتماعی(احیا)(۲۰۰۶-۲۰۱۲)
رییس هیأت تحریریه گاهنامه احیا (۲۰۰۶-۲۰۱۲)
ارائه سخنرانی در سازمان ملل متحد در خصوص توانمندسازی زنان آسیب دیده (۲۰۱۵ -۲۰۱۶)
پایه‌گزار دپارتمان زبان و ادبیات فارسی در مدرسه مالگریو
آموزش زبان فارسی در پایه‌های دهم، یازدهم و دوازدهم که با اخذ دیپلم فارسی برای پارسی آموزان همراه است.

Parinaz Zhandy:

Farsi language Instructor
Innovator of the new method of bilingual education for children and adults
Founder of the cultural and educational school "Be Sooye Ayandeh"
Poet
Author
Literary expert
Scholar of Persian language and literature
Member of the Board of Trustees of the Association for the Support and Help of the Social Victims (Revival) (2006-2012)
Chairman of the editorial board of the Ahiya Association (2012-2006)
Given a lecture at the United Nations regarding the empowerment of injured women (2016-2015)
Founder of the Department of Persian Language and Literature at Mulgrave School
Teaching Persian language at grade 10th, 11th and 12th level, which is associated with obtaining a Persian diploma for Persian students.

ستاره ستایش

ستاره ستایش دانشجوی روانشناسی دانشگاه مک‌گیل در مقطع لیسانس است. او اشتیاق زیادی به ایجاد آینده‌ای مبتنی بر پایداری و عدالت دارد و به قدرت آموزش به عنوان وسیله این کار قویاً اعتقاد دارد. او به عنوان دانشجوی روانشناسی به خوبی می‌داند که میزان طرد شدن و نابرابری بر هویت فرهنگی و فردی تاثیر می‌گذارد و معتقد است زبان، به‌ویژه در زمینه دیاسپوراهای قومی، باید به عنوان بخش مهمی از این فرهنگ، برای حمایت از رشد و و بقای جوامع پرورش داده شود. او در جهت دستیابی به این اهداف بسیار متعهد است.

ستاره در فعالیت‌های سازمان‌های مختلف محلی و جهانی مشارکت دارد. او در حال حاضر معاون رویدادهای کمیته محلی سرویس دانشگاه جهانی کانادا در دانشگاه مک گیل WUSC است، سازمانی که با حمایت مالی از پناهندگان کشورهای سراسر جهان، دسترسی آنها به فرصت‌های آموزشی، اقتصادی و توانمندسازی را بالا می‌برد.

او پیش از این همچنین به عنوان معاون تدارکات برای دانشجویان مک‌گیل برای درمان گواه بنیاد اعتیاد،(MSSAT)، یک سازمان دانشجویی برای تامین منابع و بهبود درک ما از اعتیاد، خدمت کرده است.

ستاره همچنین بیش از یک سال عضو کمیته پزشکان بدون مرز یا MSF در دانشگاه مک گیل بوده است و به سازماندهی فعالیت های مربوط به جمع آوری کمک مالی و همچنین تشویق آگاهی در مورد موضوعات کمک های بشردوستانه و مراقبت های بهداشتی کمک کرده است. ستاره به خاطر به علاقه‌اش به نوشتن و موضوعات توسعه، از سپتامبر ۲۰۲۲ به عنوان نویسنده در کاتالیست، یک مجله دانشجویی مک گیل برای موضوعات مرتبط با توسعه بین‌المللی کار می‌کند.

او همچنین علاقه زیادی به تحقیقات، به ویژه در زمینه روانشناسی سلامت و اپیدمیولوژی اجتماعی دارد. او بیش از یک سال است که در آزمایشگاه لیدون در مک گیل داوطلب شده و در کارهایی مانند آزمایش نظرسنجی ها و ارائه بازخورد برای مطالعات جدید در زمینه روانشناسی اجتماعی کمک می کند. او همچنین در سال ۲۰۲۳ در برنامه تحقیقاتی تابستانی دانش‌آموزان در بیمارستان کودکان شهر ونکوو(BC children hospital) شرکت کرده و روی پروژه‌ای برای بهبود هم‌آفرینی دانش در علم و کاهش نابرابری‌های سلامت کار می‌کند.

ستاره با رویکردی متعهدانه و مشتاقانه آرزو دارد به دنبال علایق و اهداف خود برای ایجاد آینده ای عادل و پایدار ادامه دهد.

Setareh Setayesh is a student at McGill University currently pursuing a Bachelor of Science degree in Psychology. She is passionate about creating a more sustainable and equitable future and firmly believes in the power of education as a means of doing so. As a student of psychology, she recognizes the extent to which exclusion and inequality are self-perpetuating and profoundly impact cultural and individual identity. Especially within the context of ethnic diasporas, she understands that language, as a significant part of this culture, must be cultivated to support the growth and longevity of communities, and is committed to working towards these goals.

Setareh is involved in both local and global communities through participation in various organizations. She is currently the Vice President of Events of the Local Committee for WUSC (World University Service of Canada) at McGill, an organization that sponsors refugees from countries around the world to improve their access to educational, economic and empowerment opportunities. Previously, Setareh has also served as Vice President of Logistics for McGill Students for Science-based Addiction Treatment (MSSAT), a student organization focused on providing resources for, and improving our understanding of addiction. Setareh has also been on the committee for Friends of MSF (Médecins Sans Frontières/ Doctors Without Borders) at McGill for over a year, helping to organize fundraising activities as well as encouraging awareness around topics of humanitarian aid and healthcare. Given her interest in writing and development issues, Setareh has been working as a staff writer for Catalyst, a student-run McGill journal for international development-related topics, since September 2022.

Setareh also has a strong interest in research, particularly in the field of health psychology and social epidemiology. She has been volunteering with the Lydon Lab at McGill for over a year, assisting in tasks such as testing surveys and providing feedback for new studies in the field of social psychology. She was also a participant in the Summer Student Research Program at BC Children's Hospital in 2023, working on a project to improve knowledge co-creation in science and reduce health inequities.

With a dedicated and enthusiastic approach, Setareh wishes to continue pursuing her passions and goals for creating an equitable and sustainable future.

درباره آموزشگاه زبان پارسی به سوی آینده:

سرای فرهنگی، ادبی به سوی آینده با ده سال سابقه فعالیت مستمر آموزشی در خصوص فراگیری صحیح و استاندارد الفبا، زبان و ادبیات پارسی بصورت حضوری و آنلاین پذیرای دانش آموزان علاقمند می‌باشد.

از جمله اهداف دوره‌های آموزشی این مرکز، عبارتند از:

- کمک به رشد زبانی کودکان با شیوه‌های شاد و استاندارد زبان آموزی.
- آموزش زبان و ادبیات فارسی از پایه پیش دبستانی تا اخذ دیپلمIB فارسی
- تقویت زبان گفتاری و نوشتاری کودکان ،نوجوانان و علاقه مندان به فراگیری زبان فارسی
- پرورش خلاقیت، استعدادهای ادبی، هنری، نمایشی و فرهنگی پارسی‌آموزان با مشارکت بخش هنری آموزشگاه بسوی آینده
- فراهم کردن زمینه‌ی لازم برای اصلاح لهجه‌ی دانش‌آموزان
- تشویق، حمایت و کمک جهت خلق آثار ادبی و تعهد در قبال چاپ و نشر آثار زبان آموزان.
- برپایی کلاس‌های شاهنامه‌خوانی، نمایش، داستان نویسی، و کارگاه‌های ادبی.
- بر پایی کار گاه های ضرب المثل های فارسی.
- بر پایی کلاس‌های خوشنویسی
- آموزش آزاد ادبیات فارسی به علاقمندان شعر و ادبیات کلاسیک در تمام گروه‌های سنی.
- اجرای نمایش‌های شاد کودکانه به زبان فارسی با هدف ترویج فرهنگ و ادب ایران زمین.
- برپایی جشن و آیین آریایی برای نسل جدید پارسی‌آموز مانند جشن سده، تیرگان، مهرگان، سپندار مزگان، یلدا و نوروز.
- آموزش نقاشی، طراحی، سیاه قلم، مجسمه‌سازی وکار حجم به زبان فارسی در تمام پایه‌های سنی.

Towards Future Academy:

Towards Future Academy is a Cultural and Literary School with over ten years of experience on the continuous educational activity regarding standard learning of Persian alphabet, language and literature.

Among the goals of the training courses at this center are:

- Helping children's language develop using a positive and standard language learning model.
- Teaching Persian language and literature from pre-primary level to the IB Persian diploma.
- Strengthening the spoken and written language of children, teenagers and those interested in learning the Farsi language.
- Cultivating creativity, and cultural talents of Persian students with the participation of the art department.
- Speech and dialect training to obtain a fluent and native Persian accent.
- Encouraging and supporting the creation of literary works and commitment in publishing the works of language learners
- Setting up Shahnameh reading events, drama, story writing, and literary workshops.
- Organizing workshops on Persian proverbs.
- Running calligraphy workshops
- Teaching Persian Poetry to those interested in poetry and classical literature for all age groups.
- Teaching painting, drawing, and sculpting in Persian language for all age groups.

درباره انتشارات کیدزوکادو:

خانه انتشارات کیدزوکادو اولین انتشارات رسمی فارسی زبان در خارج از ایران است که کتابهای فارسی را منتشر و در سراسر دنیا پخش می‌کند.
خواندن کتاب به زبان مادری همیشه برای بسیاری فارسی زبانان مقیم خارج از ایران آرزو بوده و هست، و لذت بسیاری دارد. ایرانیان همواره نویسندگان قدرتمندی بودند و اخیراً کتابهای پربار و با ارزش بسیاری در ایران منتشر شده است.
خانه انتشارات کیدزوکادو افتخار دارد که کتابهای بسیار ناب و توانمند ساز از نویسندگان بسیار معتبر را در وبسایت‌های پخش کتاب در دسترس عموم فارسی زبانان خارج از ایران قرار بدهد. این انتشارات با همکاری بسیار صمیمانه با نویسندگان خوب کشورمان آغاز کار و فعالیت حرفه ای خود را از دسامبر ۲۰۱۹ آغاز کرده است و هدف اصلی آن در دسترس قرار دادن ۱۰۰۰ عنوان کتاب فارسی تا سال ۲۰۲۵ برای فارسی زبانان مقیم خارج از ایران است.
در این راه حمایت شما نویسندگان و هموطنان مقیم خارج از ایران این هدف را کمک خواهد کرد.
رسالت خانه انتشارات کیدزکادو رساندن پیام نویسندگان ایرانی به دنیاست. کتاب‌های مجموعه انتشارات کیدزوکادو به موضوع خاصی محدود نیست. از کتاب‌های آموزشی گرفته، تا داستانی، موسیقی، خودشناسی و شعر و البته همانطور که از اسمش پیداست کتاب کودک.
در صورتی که می‌خواهید مجموعه کتاب‌های ما را ببینید می‌توانیدبه وبسایت ما مراجعه کنید.

Kidsocado Publishing House is the first official Persian language publishing house outside of Iran that publishes Persian books and distributes them all over the world.
Reading books in their mother tongue has always been a dream for many Farsi speakers living outside of Iran. Iranians have always been powerful writers, and recently many valuable books have been published in Iran. Kidsocado Publishing House is proud to make some powerful books from reliable authors available to the Persian outside of Iran on book distribution websites. This publishing house has started its work and professional activity in December 2019 with the cooperation of a few famous authors, and its main goal is to make 1000 Persian book titles available to Persian speakers living outside of Iran by 2025.
The mission of Kidsocado Publishing House is to convey the message of Iranian writers to the world. The Published books are not limited to a specific subject. From educational books to fictions, music, self-help and poetry, and of course, as shown in the name, children's books.
If you want to see our book collection, you can visit our website.

www.kidsocado.com

کتاب‌های که برای کمک به روخوانی فارسی مناسب است و به شما پیشنهاد می‌شود:

A GOOD STORY FOR A GOOD NIGHT'S SLEEP
In Search of Treasure
A Story From Rumi

A GOOD STORY FOR A GOOD NIGHT'S SLEEP
MERCHANT AND THE PARROT
A Story From Rumi

تهیه جلد اول کتاب فارسی: